我们一起解决问题

极简管理法则

THE RULES OF MANAGEMENT

［英］理查德·泰普勒（Richard Templar）———— 著

傅婧瑛 ———— 译

人 民 邮 电 出 版 社

北 京

图书在版编目（CIP）数据

极简管理法则 / （英）理查德·泰普勒
(Richard Templar) 著；傅婧瑛译. -- 北京 ：人民邮
电出版社，2017.8（2018.8重印）
ISBN 978-7-115-46317-3

Ⅰ．①极… Ⅱ．①理… ②傅… Ⅲ．①管理学一研究
Ⅳ．①C93

中国版本图书馆CIP数据核字(2017)第157146号

内 容 提 要

作为管理者，你既要出色地完成自己的本职工作，让高层赏识，成为公司的中流砥
柱；又要照顾好自己的团队，激发其中每个人的最大潜力，随时调解部门内的摩擦与不
和。这听起来的确很不容易，如何才能办到呢？

《极简管理法则》是欧美畅销书作家理查德·泰普勒的一部经典作品，为了让管理者胜
任多重任务模式，完成外界与自己的多重期待，他在观察与实践的基础上，将那些管理教材
与管理培训中不会提及的"常识与真理"总结成116条极简管理法则，而且特意为创业者单
独提出了 10 条极简创业管理法则。希望各位读者在阅读后，都能用一种新的眼光界定管理
问题，将极简思维融入自己的日常工作，最后成为一个可以掌控全局、自信果断的管理者。

从某种程度上说，我们都是管理者，我们都需要做一些管理工作，本书就是为我们
这些愿意积极改变，想让自己的工作与生活更轻松的人量身定做的极简管理指南。

◆　　　 著　 【英】理查德·泰普勒（Richard Templar）
　　　　 译　 傅婧瑛
　　　 责任编辑　 姜 珊
　　　 责任印制　 焦志炜
◆　 人民邮电出版社出版发行　　 北京市丰台区成寿寺路 11 号
　　 邮编　100164　 电子邮件　315@ptpress.com.cn
　　 网址　http://www.ptpress.com.cn
　　 大厂聚鑫印刷有限责任公司印刷
◆　 开本：880×1230　1/32
　　 印张：8.75　　　　　　　 2017 年 8 月第 1 版
　　 字数：180 千字　　　　　 2018 年 8 月河北第 8 次印刷
　　　 著作权合同登记号　 图字：01-2016-4785 号

定价：49.00 元
读者服务热线：（010）81055656　　 印装质量热线：（010）81055316
反盗版热线：（010）81055315
广告经营许可证：京东工商广登字 20170147 号

《极简管理法则》为那些头疼于管理效率与效果的人打开了新世界的大门，帮管理者摆脱僵化的内部事务、体制和流程，让整个组织的每个人都能轻松应对各种状况。

安东尼·杰伊爵士（Sir Antony Jay）

政治情景喜剧《是，大臣》及《是，首相》编剧

视觉艺术公司创始人

▶ 理查德 · 泰普勒与他的人生法则系列图书 ◀

" 泰普勒人生法则系列"图书是欧美史上最畅销的心理自助丛书之一，也是英国家喻户晓的一套经典长销书。其中一些单本长期占据英国亚马逊排行榜前 100 位，其在英国的影响力不亚于《哈利·波特》。

在英国，截止到 2016 年年中，"泰普勒人生法则系列"总销量有 200 多万册。其中，单本《极简生活法则》英文原版已销售了 60 万册；《极简工作法则：如何成为领先的少数人》英文原版已销售了 51 万册；《财富的理想国：关于财富的 117 条法则》英文原版则销售了 27.8 万册。可以说，"泰普勒人生法则系列"图书是欧美各地机场书店里都会摆放、码堆的一套书。

理查德·泰普勒（Richard Templar），欧美畅销书"泰普勒人生法则系列"图书的作者，被誉为"个人成长"的导师。

泰普勒的人生轨迹丰富多彩，在其 30 年的工作生涯中，他涉猎了不同的领域，在不同企业内负责过不同的工作，现在他自己创业，同时经营几家公司。他的个人成功促使其开启了传道授业解惑的旅程，与大众分享他的成功法则。

1

据不完全统计，全球有超过 240 万人在按照他所建议的法则行事。有评论家认为，理查德的文字风格，既不是那种冷硬命令式、听多了让人觉得苛刻的"教科书风格"，也不是温柔多情式、听久了让人觉得黏糊糊的"中央空调风格"，而是一种介于两者之间温暖又不失客观的风格。

"泰普勒人生法则系列"图书之所以受到欧美读者的欢迎，最重要的原因就在于，泰普勒强调了一种人生观：无论做什么，我们都要有自己的态度并且能够坚持下去。这个结论来源于他对周围各领域成功人士的细微观察，他发现有些人总是看起来生活得很轻松，无论身处何种状况，他们总是能够积极向上，做正确的事情，而大家都喜欢这样的人，大家也都希望成为这样的人。于是，他将自己所观察到的一切总结成一条条简单的法则，分享给了每一位想从容应对生活的人。

作为"泰普勒人生法则系列"图书中文版的出版方，我们希望这套书能从生活、职场、管理、爱情、财富、为人父母及自我突破等领域为读者提供一条人生捷径，帮助每一个人都学会坚持、学会思考，成为自己生命的主人。

管理，说起来是件有点奇怪的事。大多数人并不以此为人生目标，但很多人在人生中的某些时刻，总会主动地或被动地做些与管理有关的工作。

职业顾问：毕业后你想做什么？
16 岁的孩子：我想做个管理者。

你是这样回答的吗？我想不是，我也不是。但不得不做管理工作这个现实，就摆在你我面前。

作为管理者，外界对你有着多重期望。你要成为中流砥柱；你是领袖，是创新者；你得变身魔术师（变戏法般地给员工加薪，随时都能得到所需的资源和更多的员工）；你需要成为和善的叔叔/阿姨，及时奉献出其他人可以靠着哭泣的肩膀；你需要成为一个有活力、能够激励他人的人；你是严格而公平的裁判；你得有外交手段，是个政治家，还得是位炼金术师（不，这和魔术师不一样）；你是个保护者，是位救世主，你还得是个圣人。

你要对一大群人负责：聘用这些人很可能不是你的决定，你可能不喜欢他们，可能和他们毫无共同点，他们可能也不怎么喜欢你。你得又哄又劝，才能让他们在上班时间里认真工作。你还需要对他们的身体、情绪和精神健康负责。你得保证他们不会伤害自己，也不会互相伤害。你需要确保他们按照行业标准完成工作。你还必须明确了解自己的权利、他们的权利、公司的权力和工会的权力。

最重要的是，你还需要出色地完成本职工作。

对了，你还必须保持冷静和镇定——你不能大喊大叫，不能摔东西，也不能有偏好。管理这个行当，要求实在太高了……

你有责任照顾自己的团队，激励他们发挥最大的潜力。团队成员有时候表现得就像一群小孩子——你还不能打他们的屁股（可能连解雇他们的权力也没有）。其他时候，他们又会变成爱耍脾气的青少年——睡得晚导致其对任何事都没有兴趣，没兴趣就不愿意做任何实际工作，还总是早退，等等。

　　和你一样，我也有过团队管理的经历（最多时我曾管理过100人）。我必须知道每一个人的名字，了解每一个人的缺点和特殊需求。比方说，每周二海瑟不能工作得太晚，她得去接女儿；特雷沃是色盲，所以参加展会时不能带他；如果午餐休息时留曼迪接电话她会很不高兴，我们会因此失去客户；克莱斯是个出色的团队成员，但她没有足够的动力独立完成工作；雷有酗酒的毛病，所以不能让他开车。

　　作为经理，你还得成为更高级别管理层和员工之间的缓冲区。高层可以做出荒谬的决定，但你必须（1）说服自己的团队，（2）不要公开抱怨或者嘲笑，（3）不管多么荒谬，也要让团队着手工作。

　　你还得为"今年不涨工资"找出合理的理由，即便这么做会让你的团队士气低落。你还得保守和业务接管、企业合并、收购、保密交易、高层管理人员离职等有关的各种秘密，尽管谣言早已满天飞，手下员工天天向你发问。

你不仅需要负责人事，还要负责预算、纪律处分、人际沟通；而且，你还需要提高员工的工作效率，解决法律、工会纠纷、健康与保险、人事纠纷、养老金、病假津贴、产假、父亲照顾新生儿的休假、节假日、停薪离职、请假、工作时间安排，这些问题也都得靠你解决；激励员工、送礼物、制定勤务轮值表和行业标准是你的工作职责；连防火演习、急救、空气净化、取暖、修理管道、处理停车位、照明、购买办公用具和资源以及茶叶、咖啡这种东西，可能都得由你负责。对了，别忘了解决客户需求这些"小事"。

你还得和其他部门、其他团队、客户、上级、高层管理人员、董事会、股东和会计部门（除非你是会计部门的负责人）斗智斗勇。

外界还期望你成为榜样。这意味着你必须准时上班，坦率地面对每个人，会穿衣打扮，努力而勤奋地工作，经常加班，保持中立，有责任心，关心体贴员工，见多识广，不随意批评人。要求可真高啊。

作为经理，你还得做好被嘲讽的心理准备。想想《办公室》（*The Office*）里面的总经理被丑化成了一个喜欢摆弄人心、只会提出反对意见的文员。《是的，大臣》（*Yes，Minister*）也是个好例子。不仅你的员工、股东会评判你，连公众都会把你看成是没用的家伙，甚至是多余的人物。

而你，只想完成自己的工作而已……幸运的是，有一些窍门和要点既可以帮助你完成工作，也能让你保持潇洒的状态，让你获得他人的好感，完成工作时一身轻松。这些就是"极简管理法则"——一些不成文、未得到公开认可的法则。如果想出色地完成工作，在心里记住这些法则便足够了。

管理，既是艺术也是科学。我们可以找到各种各样与管理有关的书籍，还有数不清的培训讲座（说不定你也参加过）。然而，不论是书籍还是培训课程，都不包括一些"不成文"的法则。从某种程度上来说，恰恰是这些法则，能够帮助你成为一个优秀、高效和体面的经理。无论你要管理的只是一两名员工，还是要负责上千人的日常工作，两者本质上没有区别，它们适用相同的法则。

这本书里的内容，可能你在别的地方都看过；即便之前没读过，可能阅读后你也会产生"这说的不都是废话嘛"的想法。没错，如果认真思考，这本书的内容都是显而易见的道理。可是在当今快速、忙乱、只能匆匆应对的生活节奏中，你可能没思考过这些问题，而你是否会按照这些法则做事，就更不好判断了。

我把这些法则分为两大部分：

• 管理好你的团队；
• 管理好你自己。

在我看来这很简单明了。所有法则并不以重要性排序——

第一条法则并不比排在后面的法则重要，反之亦然。读完所有法则后，付诸实践，首先执行你认为最简单的法则。很多法则可以融合在一起，所以你可以在无意识的状态下同时执行多条法则。用不了多久，你就能改头换面，成为一个潇洒而放松、自信而果断的人；你可以掌控全局，完美地控制与管理一切。和不久前还在痛苦煎熬、费尽力气、几乎被逼到无路可退的状况相比，很明显你已经取得了不小的进展，干得漂亮！

开始前，我们首先需要明确"管理"的真正含义。这远比想象中有难度。在我看来，每个人都是管理者——父母、自由职业者、企业家、受雇者。每个人都不得不做一些"管理"工作。即便管理的对象可能只是我们自己，但我们还是要应对各种问题，最高效地利用现有资源，去激励、计划、经历、加速、监控、衡量成功、设定标准、设定预算、执行并实施工作。只不过有些人需要和更大规模的团队一起完成这些工作，但基础内容大同小异。

哈佛商学院将管理者定义为"通过他人获得结果的人"。

伟大的管理大师彼得 • 德鲁克（Peter Druker）表示，管理者是"有责任计划、执行并监控的人"；而澳大利亚管理学院对管理者的定义则是"为了取得成果而计划、领导、组织、分派任务、控制、评估和制定预算的人"。我认同这些说法。

所谓管理者，说起来可能显得啰唆而复杂。

> 管理者是一个属于某组织机构管理团队的雇员，负责在人事、财务和原料管理方面的工作，以实现组织机构的目标。管理者有责任管理人力资源、人际沟通，实践并提升组织价值、行为准则及组织文化，领导并管理组织内的变化。

不管怎么说都行。不论形式为何，某种程度上说我们都是管理者，我们都需要做一些管理工作。能让生活变得更轻松的，都是好事。管理的法则其实很简单。管理不等于阴险狡诈的手段，实际上，所有的管理方式都显而易见。如果认真思考每一条法则并成功实施，你会发现自己的工作和生活将出现巨大变化。

这本书里可能没有你不知道的内容，但你真正实践过吗？这本书的作用，就是激励你实践早已懂得的知识。

目录

第一篇　管理好你的团队 // 1

法则 1　让他们从情感上参与进来　// 2

法则 2　懂得什么是团队以及团队的运行方式　// 5

法则 3　设定现实的目标——我的意思是，具有实现可能的目标　// 8

法则 4　明确开会目的　// 10

法则 5　会议应简短而高效　// 12

法则 6　让开会充满乐趣　// 15

法则 7　让团队比自己更出色　// 18

法则 8　了解自身的重要性　// 20

法则 9　了解自己的底线　// 22

法则 10　做好精简的准备　// 25

法则 11　尽可能多地或者大胆地清除不必要的麻烦　// 27

法则 12　允许他们犯错　// 29

法则 13　接受他们的局限　// 31

法则 14　鼓励他人　// 33

法则 15　非常善于寻找合适的人才　// 35

法则 16　聘用未经雕琢的人才　// 37

法则 17　担起责任　// 39

法则 18　该表扬时就表扬　// 41

法则 19　为团队提供最好的资源　// 43

法则 20　庆祝　// 45

法则 21　记录自己的言行　// 47

法则 22　及时发现工作场所中的摩擦与不和　// 49

法则 23　营造良好的氛围　// 51

法则 24　激发忠诚感和团队精神　// 53

法则 25　相信自己的员工，并且展现出来　// 55

法则 26　尊重每个人的不同　// 57

法则 27　倾听他人的创意　// 59

法则 28　针对不同团队成员调整自己的管理风格　// 61

法则 29　让他们产生比你懂得更多的感觉（即便不符合事实）　// 63

法则 30　没必要强辩到底　// 65

法则 31　懂得其他人承担的角色　// 67

法则 32　确保人们知道你的期望　// 69

法则 33　拥有明确的预期　// 71

法则 34　利用积极的强化激励　// 73

法则 35　不要试图为愚蠢的体系辩护　// 75

法则 36　做好说"是"的准备　// 77

法则 37　训练他们，让他们提供解决方案，而不是提出问题　// 79

第二篇 管理好你自己 // 81

法则 38 努力工作 // 82

法则 39 确立标准 // 84

法则 40 享受自己的工作 // 86

法则 41 不要被工作影响 // 88

法则 42 知道自己该做什么 // 90

法则 43 知道自己实际上在做什么 // 91

法则 44 珍视自己的时间 // 93

法则 45 要主动出击，不要被动应对 // 95

法则 46 保持一致 // 97

法则 47 为自己设定切实可行的标准 // 99

法则 48 有计划，但要保守秘密 // 101

法则 49 清除多余的法则 // 103

法则 50 从错误中学习 // 105

法则 51 做好抛弃过去想法的准备——哪些有效、哪些发生了
改变 // 107

法则 52 别废话，办正事要紧 // 109

法则 53 知道什么时候该踢门 // 111

法则 54 把时间用在有成果、有利润的事情上 // 113

法则 55 拥有 B 计划和 C 计划 // 115

法则 56 充分把握机会——成为幸运的人，别承认就是了 // 117

法则 57 知道自己何时面临巨大压力 // 119

法则 58 关注自身健康 // 121

法则 59　做好迎接痛苦或喜悦的心理准备　// 123

法则 60　面对未来　// 125

法则 61　抬起头，不要低头　// 127

法则 62　既要见树，也要见林　// 129

法则 63　懂得何时该放手　// 131

法则 64　有决断力，即便有时这意味着犯错　// 133

法则 65　采用极简主义的管理风格　// 135

法则 66　想象自己的蓝色门牌　// 137

法则 67　拥有并坚持原则　// 139

法则 68　追随直觉　// 141

法则 69　要有创意　// 143

法则 70　不要停滞　// 144

法则 71　懂得适应新情况，做好继续前进的准备　// 146

法则 72　记住真正的目标　// 148

法则 73　记住，没有人必须出现在什么地方　// 150

法则 74　回家　// 152

法则 75　不断学习——特别是学习对手　// 154

法则 76　有激情，要大胆　// 156

法则 77　做好最坏的打算，但仍保持乐观的心态　// 158

法则 78　让公司看到你在支持他们　// 160

法则 79　不要说上司的坏话　// 162

法则 80　不要说团队的坏话　// 164

法则 81　上司让你做的事可能是错的，接受这个现实　// 166

法则 82　上司有时和你一样恐惧，这是现实　// 168

法则 83　避免思维受限　// 170

法则 84　融入团队　// 172

法则 85　如果心存疑虑，就提出问题　// 174

法则 86　表现出理解下属与上司观点的姿态　// 176

法则 87　增加价值　// 178

法则 88　不要退让，做好坚持立场的心理准备　// 180

法则 89　不要玩弄权术　// 182

法则 90　不要诋毁其他经理　// 184

法则 91　分享知识　// 186

法则 92　不要威胁他人　// 188

法则 93　不参与派系争斗　// 190

法则 94　表现出为团队抗争到底的姿态　// 192

法则 95　致力于受人尊重，而不是受人喜爱　// 194

法则 96　做好一两件事，避免其他事　// 196

法则 97　征求他人有关自身表现的反馈意见　// 198

法则 98　维护良好的人际关系和友谊　// 200

法则 99　在你和客户之间建立互相尊重的关系　// 202

法则 100　为客户再多出一份力　// 204

法则 101　明确自己的责任　// 206

法则 102　永远诚实，说真话　// 208

法则 103　不走捷径——别人总会发现的　// 210

法则 104　寻找合适的决策咨询人　// 212

法则 105　掌控局面　// 214

法则 106　人情练达　// 216

第三篇　致创业者 // 219

法则 107　不要借钱　// 220

法则 108　寻找平衡　// 223

法则 109　做好最坏的打算　// 226

法则 110　有明确的使命　// 228

法则 111　绝对诚实　// 230

法则 112　尽可能多地获得帮助　// 232

法则 113　建立强大的企业文化　// 235

法则 114　不要凡事都回答"是"　// 238

法则 115　坚持立场　// 241

法则 116　你的时间就是所有人的时间　// 243

第四篇　如果你还意犹未尽 // 247

有关人生

年龄越大并不等于越有智慧　// 248

有关工作

让自己的工作受人赏识　// 250

有关财富

谁都可以成为有钱人，你需要的只是努力　// 252

有关为人父母

放松　// 254

有关爱情

做自己　// 256

作者的嘱托 // 258

第一篇

管理好你的团队

　　与人共事是人生必有的经历。我们可以笼统地将这种形式称为团队、部门、小队、集体。不过，名称其实并不重要。很多管理者共同的错误，就是以为他们管理的对象就是人本身，他们把人看成工具，看成待销存货。让手下员工取得成功，你就是成功的管理者了——至少理论上如此。

　　悲剧的是，以上说法并未得到证实。在现实中，我们需要把管理者看作管理过程，而非管理个人的人。其实每个人都能够管理自己，所以你需要把精力集中在真正的管理工作上，也就是行动策略上。团队不过是实现目标的方式和途径。如果可以用机器取代手下的所有人——祈祷这种情况真正出现的恐怕不在少数——我们仍然需要行动策略。我们需要管理的仍然是实现目标的过程。

　　当然，作为管理者，我们还是需要和真实的人面对面的；我们需要知道他们的动力是什么，他们在想什么、有什么感受，了解他们工作的原因，为什么他们愿意竭尽全力（或者消极怠工），他们害怕什么、渴望什么，他们有什么梦想。我们应当鼓励他们、指导他们，为他们提供完成工作所需的资源，监督工作进程，为他们确定行动策略。我们会担心他们，照顾他们，支持他们。但我们不会控制他们，他们需要自我管理，而我们要集中精力做好一个管理者真正要做的工作。

法则 1
让他们从情感上参与进来

RULE 1

你在管理一些人。人们完成工作，获得酬劳。如果工作对他们来说"仅仅只是工作"，那么你永远无法让他们竭尽全力。如果他们想的只是打卡上班、准点下班，尽可能少地工作，我的朋友，迎接你的注定是失败。相反，如果员工抱着享受工作的心态来上班，愿意付出全力、迎接挑战、得到激励并投身到决策制定中，那么你很有可能已激发出他们的最佳状态。问题在于，低效群体还是超级团队，这一切都取决于你。给他们灵感、领导、激励、挑战他们，让他们从情感上参与进来的人，只能是你。

没问题，你肯定喜欢挑战自己，不是吗？好消息是，让团队成员在工作中投入情感并不难。你只需要让他们关心自己的工作。这也很简单，你需要让他们意识到工作的重要意义，让他们知道自己的工作会影响其他人的生活，让他们明白工作能满足其他人的需求；你要让他们充分理解，他们的工作可以触动其他人。让他们信服你的话——当然，你说的都是真的——他们的工作确实能够给世界带来不同；你要让员工相信，除了帮老板或股东赚钱、让高级管理人员收获巨额奖金之外，他们的工作确实是在为社会做出贡献。

我知道，如果管理的是护士，不是广告销售团队，向他们展示工作的社会贡献显然更容易。可如果认真思考，我们可以从任何角色中都找到价值，并且把工作的荣耀感灌输给做这些工作的人。想要证据吗？没问题。比方说，销售广告位的人，他们在帮助各个企业打出市场知名度，有些企业的规模可能非常小；他们让潜在客户了解到市场上存在他们长久以来渴望或者迫切需要的产品。他们让依赖广告销售的报纸和杂志有继续生存的能力，而报纸或杂志能够传递信息，让购买它们的人能享受到阅读的快乐（否则，人们也不会买报纸和杂志，对吧）。

让员工关心自己的工作，这件事做起来难度并不大，甚至可以说是轻而易举。内心深处，每个人都渴望受人重视，成为有用的人。愤世嫉俗者认为这是无稽之谈，但这是事实，不容置疑。只要认真探寻，你总能让员工关心工作，让他们真正产生共鸣与担忧，让他们拥有责任感和参与感。调动出这些感情，员工即便意识不到原因，也会永远追随你。

在团队成员身上尝试这种方法前，首先你得说服自己。你相信自己的工作能带来积极的影响吗？如果不确定，那就深入思考，直到找到办法让自己关心工作……

> 让员工关心自己的工作，这件事做起来难度并不大，甚至可以说是轻而易举。

RULE 2

法则 2
懂得什么是团队以及团队的运行方式

什么是团队？如何运行团队？如果想做一个成功的管理者，我们就必须知道这些问题的答案。

团队并非简单的一群人的集合。团队是拥有专属运行机制、特质、习俗和准则的组织。不了解这些情况，你在管理过程中就会遇到重重麻烦；而了解这些情况后，你就能带领自己的团队取得更高的成就。

每个团队中都会有发力方向不同、力量各异和能力不均等的成员。有些人的动静更大，你应该懂我的意思；有些人则喜欢躲在幕后；有些人似乎什么都不做，但你仍需要听取他们的建议。

如果过去没有关注过团队的运行机制，我推荐你读一读梅瑞迪斯・贝尔宾（Meredith Belbin）撰写的《管理团队：他们成功或失败的原因》（*Management Teams: Why they succeed or fail*）这本书（如果读过，你可以直接跳到下一条法则）。这条法则适用于需要核心员工发挥最佳状态以取得成果的管理人员。我会转述那本书里的一些内容，我强烈建议大家按照这些方法实践。

贝尔宾认为团队中存在九种角色——每个人都会承担其中一种或多种角色。明确自己的角色当然很有意思，但确定团队成员的角色并利用相关信息，显然用处更大。

九种团队角色分别是种植员（也就是出主意的人）、资源调查员、协调人、塑造者、监督评价者、团队合作者、执行人、终结者和专家。想深入了解，你就需要阅读贝尔宾的那本书。

现在，你大概知道团队里都有什么人了。所以说，到底什么是团队，你又如何让自己的团队变得更有效率？还是要读贝尔宾的书，你要知道，团队是拥有共同目标的成员的集合。但如果每个成员都只关注个人目标——熬完工作时间、只关心个人发展、如何讨好老板（这说的是你）、把工作场所当成社交俱乐部，等等，团队合作就不会产生良好的效果。

如果听到"我们"的次数比"我"更多，你就知道自己的团队真正形成凝聚力了。

当困难的决定变得越来越轻松，因为有人说"没关系，我们一起扛"时，你就拥有了一支良好的团队。

当团队成员明明白白地告诉你"我们是一支团队"时，你就知道自己拥有了一支高效的团队。

如果每个成员都只关注个人目标，
团队合作就不会产生良好的效果。

RULE 3
法则 3
设定现实的目标——我的意思是，具有实现可能的目标

调研时，我发现了一种说法——设定现实的目标就是一种不现实的想法；他们认为所有目标都应当"更加宏大"，只有这样才能给董事会或决策层留下深刻印象。现在的你，能看出这种说法的问题吗？我们在这里说的不是如何激励团队、搞定工作、创造一种成功且能激发创造力的环境氛围。不，我们说的是给董事会留下好印象。理论上说，如果董事会是由一群猴子组成的，你这么做也许很聪明，可惜猴子做不了董事。我猜董事会成员个个都很精明，一眼就能看穿你的小算盘。

所谓"现实"，并非较低或者容易实现的目标；我说的是"现实可行"。实现这个目标可能很费力气，你可能会经历挣扎，你的团队可能需要付出双倍努力，更长时间、更聪明地工作。这条法则中所说的"现实"，意味着在能力范围内可以实现的目标。没错，你可以把标准定得更高一些。

"现实"意味着你对团队的能力有着清楚的认识，同时了解老板的期望。你得想办法让两者匹配，让双方都开心。你不能逼迫团队做超出能力范围的事，你也不能给老板留下偷懒懈怠的印象。

如果老板坚持要你设定不现实的目标，你必须把问题重新

抛给他们。不要争论，不要拖延，直接向老板提问：他们认为该如何实现这些目标。明确地告诉老板，他们的目标不具有现实可行性。做好充分的准备，证明他们设定的目标不可实现，再询问老板，如果他们来执行，他们准备如何实现这个目标。提出一个你认为可行的建议，要有充分的事实和数据做支持。持续地把问题反馈给老板，要求他们给出建议。总有一天，他们会确定更现实的目标，或者要求你把能做到的做好就行了。不管怎么说，你都可以解决"老板设定没法实现的目标"这个问题。如果老板确定的是现实可行的目标，你要做的，就是实现这些目标（你知道自己能完成任务）。如果他们命令你完成不现实的目标，没能完成时，你可以告诉老板，自己早已提出过抗议，向他们表明过态度了。

> 持续地把问题反馈给老板，要求他们
> 给出建议。

RULE 4

法则 4
明确开会目的

　　我们都经历过这种事情——回忆时间越拖越长，人们啰啰唆唆地说着废话，头脑发热、没有经过认真思考就提出计划，信息不足，沟通不畅。

　　身为经理，你不得不主持会议，让自己的会议更有效率。提前确定会议目标，保证实现这些目标。

　　一般来说，开会无非有四个目的：

- 创建并融合一个团队；
- 告知信息；
- 集思广益，提出创意（并做出决定）；
- 收集信息（并做出决定）。

　　有些会议本身可能就包括以上一个或更多目的，但你仍需清醒的认识，明确地把上述目的设定为会议目标。如果开会是为了告知信息，说完该说的话就立刻结束会议；如果是为了得到信息，那么你也应当设定不同的会议目标。

　　关注那些旨在帮助团队成员互相了解、加深联系、进行社交活动的会议，这种会议能让团队成员真正了解对方，你也能被看成真正的团队领袖。

想让自己主持的会议更有效率，你就需要牢牢把控会议节奏——优柔寡断的民主在这里没有生存空间。你是管理者，控制权在你手上——就是这么简单粗暴。想提高开会的效率，就不能允许参与人员回忆过去、絮絮叨叨、喋喋不休、废话连篇，就不能让他们放松下来。而是要迅速进行会议流程，尽快结束会议让他们离开。

> 提前确定会议目标，保证实现这些目标。

RULE 5

法则 5
会议应简短而高效

现在，你应该能够保证召开的会议是有必要的。重要的是，会议应当尽量简短而高效。

在一天工作结束时召开会议，效果好于一天工作开始时开会。每个人都着急回家，所以会议时间自然不会太长；如果你选在每天正式开始工作前开会，人们就会偏离主题，插科打诨，闲聊度日。除非开会的目的是增进感情，你自然可以在工作开始前愉快地召集所有人开会。

确定有多少会议可以利用电子邮件、电话，甚至一对一的形式召开（排除每一个没有实质关系的人）。

所有会议都应准时召开，不要等任何人，不要为迟到的人重复已经说过的内容。如果错过了重要内容，他们可以在会议结束后询问其他人；他们也可以从中学习，以后不再迟到。[1] 不

---

[1] 吃完早饭后，蟾蜍拿起一根粗杖，狠狠地挥动，攻击幻想中的动物。"我要学习他们（learn' em），不许偷我的房子！"它大喊，"我要学习他们，我要学习他们！""别说'学习他们'，蟾蜍。"老鼠一脸震惊地说，"那不是正规的英语。""你怎么总是絮叨，老鼠？"生气的獾说，"他的英语有什么毛病？我也是这么说的。如果对我来说足够好，那对你来说也足够好！""我很抱歉。"老鼠恭敬地回答，"只不过我觉得，应该是'教会他们'，而不是'学习他们'。""但我们不想教会他们。"獾回答，"我们想学习他们——学习他们！更重要的是，我们还要做！"（出自肯尼斯・格雷厄姆的《柳林风声》）

要把开会时间定在整点：3 点 10 分比 3 点好。你会发现，人们经常会准时出现在一个奇怪的时间点上。如果真想搞怪，那就试试 3 点 35 分。

尽可能提前确定开会时间，但也不能过早，这样其他人就不能以有其他事要做为由而逃避会议了。提前和每个人都确认好开会时间，保证每个人都不会忘记开会这件事，确保他们能够按时出席。

你可以决定由谁在开会时控制时间——确保他们认真负责，并且拥有和你相同的态度。在这个问题上，你不必过于强势或蛮横，你只需要在坚定立场、态度友好的同时，牢牢掌控局势。

确保所有议程最终都有一个实施计划——没有实施计划意味着一切仍停留在讨论阶段。当然，决定议程的命运也是一个选择。

不要做"其他事情"，永远不要。如果真的重要，就该加入议事日程。如果不重要，那就根本不该提起。"其他事情"向来是一些人试图压制另一些人的借口。不要允许这样的情况出现。

如果会议规模过大——参会人数超过六人——将这些人进一步分成小组，要求小组负责人向自己汇报。

最重要的是，所有会议都必须有明确的目的，你必须将这一点牢记在心。会议结束时，你必须能够明确地说出自己是否实现了会议目的。对了，会议室的椅子一定要让人坐起来感觉不舒服（或者像《白宫西翼》剧中人那样站着开会），会议才会相对高效。

所有会议都应准时召开，不要等任何人。

RULE 6

法则 6
让开会充满乐趣

我相信，爬到现在这么高的位置，你一定参加过不少冗长而无趣的会议。我们需要有人去打破这个常规，而我希望这个人是你。必须抛弃过去的开会方式，你需要挺身而出。

让开会变得更有趣吧。开始前，我想起了以前看过的一个方法。给每个参会人员发五枚硬币，想发言就必须花掉一枚硬币。花掉所有硬币后，他们就不能再发言了。这种方法原本的目的是让人们重视自己的发言，不要把硬币花在无关紧要的问题上。有意思吧？可能吧。但你也可能会得到"蠢货"或者低效会议领导的绰号。以下提议也会产生同等效果：

• 打扮花哨；

• 会议室里放着食物和饮料（除非是午饭时间，但午饭时间开会本身就很无聊；要么你带着团队去餐馆或者酒吧，但这样又不算开会，而是联络感情的活动；或者是出于庆祝的目的，详见法则 20）；

• 任何形式的游戏或者猜谜；

• 准备小惊喜，比如将包好的巧克力作为礼物；

- 准备一个说话棒（别问我这是什么——起源于加州的新时代产物）；
- 眼罩；
- 让资历最浅的人主持会议。

这些做法只会让你的会议变成一场愚蠢的闹剧，不要走到这一步。

如何不变成大卫·布伦特（David Brent）[1] 那样的小丑，也能让开会变得更有乐趣？首先，有趣并不意味着装疯卖傻或者讲冷笑话。

有趣意味着不沉闷，允许人们展现真实的一面。有趣意味着允许人们分享让他们高兴的经历，不做过多评判。有趣是让人们讲述能让气氛变得更轻松的故事和趣闻（你只需要知道何时该说出"好了，说正事"这句话）。有趣指的是保持灵活的态度，允许其他人建议开会的地点和方式。你所在的组织机构可能有一个豪华的会议室，能在那里开会吗？如果天气好，出

---

[1] 大卫·布伦特是英剧《办公室》的主人公，是一个小丑般的经理，由著名笑星里基·贾维斯扮演。——译者注

去开会怎么样？

　　有自信的管理者——我说的就是你，他们向来拥有灵活的
态度，因为他们放松、镇定又自信。古板的经理总是担惊受怕，
因为他们充满不安全感，他们只能依靠死板提升自信。

　　　　必须抛弃过去的开会方式，你需要
　　　　　　　　挺身而出。

RULE 7

法则 7

让团队比自己更出色

一个真正优秀的管理者——没错，我说的还是你——明白，团队起飞、一路高歌猛进，相当于自己起飞、高歌猛进。想让团队一路向前，需要的是勇气、强硬的心理、决心和势不可当的激情。

你必须让团队成员比自己更优秀，你需要信任他们，为他们提供最好的资源，训练他们帮你分担工作；即便到了他们能够超越你的时候，相信他们也不会背后捅刀子；自己也要有足够的自信，即便真的被取代，也不会心生嫉妒。这些要求可不低。

这条法则对一些管理者来说相当有难度。你的心态必须非常放松，相信自己的职位不会被撼动。说真的，一个人需要拥有足够的勇气，才会鼓励自己的团队成员发挥全部实力。

让我们看看你的团队。你拥有什么样的团队成员？谁能在未来接替你？你能够分享什么经验、帮助他们成长？

你需要培养接替你的人。他们聪明、热心，对工作极有热忱。我曾经有过一个年轻的助手，他的锐气甚至吓到了我。在我升职后，他完美地接替了我。他紧跟在我的身后，而且很多方面他都比我出色，但他从来没有做过什么小动作来试图取代我。也许因为尊重，但我觉得不是——我所在的行业，往轻了说也是相当残酷的。不，这只是因为他的高尚品格。

　　另外，组建一个优秀团队后，团队成员会习惯性地将你视为领袖，他们会适应这种感觉，一般不会不服从你的命令或取代你。只有愤恨不满或者感到不被信任时，团队成员才会试图摆脱你的管理。所以说，你要做的就是培养、训练他们，让他们变得更加出色。

> 组建一个优秀团队后，团队成员会习惯性地将你视为领袖。

法则 8
了解自身的重要性

　　你是整个团队中最为重要的成员，千万不要忘记这一点。这并非是因为你是个更好的人，或者更有经验、更有价值等这些可能会让你产生骄傲自满情绪的原因。之所以最重要，原因在于其他人会按照你的领导行事，从你的言谈中寻找线索。事实上，你为团队设定了标准。

　　如果你使用卑鄙手段、暗中伤人，担心团队成员比自己更优秀，监视他们，试图阻止他们超越自己，或者做出不道德、无礼的事情，你就无法成为出色的经理人。而此时，团队成员总是会无谓地担心，无心工作，你所领导的部门自然也拿不出好的成绩。

　　不过，你不会做任何不好的事情，是吧？很好，我很欣慰。可如果你天天唉声叹气，抱怨主管或客户，永远用消极的眼光看问题，抗拒改变，或者总是和别人说起自己如何盼望周五下午早点到来，永远选择最轻松的做法，避免付出努力，那么不管你如何善良，都不会有好结果——你的团队就会有样学样，变成另一个你。

　　听着，如果你不把自己变成团队的榜样，你就不可能成为优秀的管理者。你的团队就像鸟群或者羊群，或者其他成群出现的动物。一个人向一个方向前进，其他人就会跟随着去往那个方向。如果你有闪光的表现，其他人也会拿出闪光的表现。如果你失败，所有人都会一起失败。一切的原因都是你。感到害怕了吗？

这没什么，不要担心。你可以成为团队需要的优秀领袖和经理。在你成为一个出色的经理后，你也会拥有一个满是出色成员的团队。除了自己取得成功外，你还能为周围所有人带去成功。你可以充满激情地接受每一项任务，有扎实的分析和符合常识的战略作为支撑。你会公正地对待身边的每一个人，鼓励他们，做的比承诺的更好，创造出积极的氛围；身边的每一个人也会像你一样释放正能量。而这一切的原因，就是你。

> 如果你不把自己变成团队的榜样，你就不可能成为优秀的管理者。

法则 9
了解自己的底线

从第一天起，你就必须强调纪律问题。还记得我们在前面说过，照顾团队成员和做家长有相似性吗？作为家长，你必须确定做事的底线，想严守这个底线，还必须保持零容忍的态度。放松一英寸，他们就会肆无忌惮，得寸进尺。如果在他们眼中你有一个"软弱"的形象，他们就会想办法占你的便宜。明确的底线及零容忍政策的优点在于你会有一个确定的、不可触犯的界限——这就是一条准绳，你可以以此评判任何人。你只需要提出一个问题："这违反规定了吗？"如果答案是肯定的，那就制止。如果让违反规定的事继续下去，你何时才准备制止？

假设"守时"是你的一个明确底线（也有可能是衣着、客户服务或者其他问题）。如果迟到一分钟可以接受，那么迟到两分钟呢？如果两分钟也没问题，三分钟呢？如果一直容忍下去，人们就会随心所欲，根本不遵守你设定的时间。如果你一分钟也不允许迟到，后面就不会继续发生那么多新情况。你也无需担心这一具体问题。只要你允许违反规定的情况发生，即便程度很轻微，"是不是过分了""我能夺回控制权吗""我准备放手到多大程度"这些问题也会永远在脑海中萦绕。

我的意思也不是制定几百条规定，固执己见、死也不变通。我的意思是，你需要对自己、团队和重要业务问题明确核心的底线。做出明确的说明，表明这些底线不容挑战。

记住，你面对的是一个团队——在这本书里我会反复强调这个问题——而不是个体。你可能觉得对每个人都可以做出例外，问题在于，你面对的不是个人，而是一个整体。如果一个人觉得你软弱，必定所有人都认为你软弱。如果你允许一个人迟到，那你必定会允许所有人都迟到。如果一个人因为违反规定而逃避惩罚，那么所有人都可以逃避惩罚。

优秀的管理者面对不合适的行为时都会保持坚定的立场，这种做法等于向团队释放出一个明确的信息：你是一个优秀、立场坚定、能够掌控局面的管理者，你更看重团队的集体努力成果，而不在乎是否会被团队成员看作一个随和的好人。从个人角度来看，如果连谋杀都不计较，也许有些团队成员会觉得你很酷，但整个团队则会把你看成垃圾。

明确的底线及零容忍政策的优点在于你会
有一个确定的、不可触犯的界限
——这就是一条准绳，你可以以此评判任
何人。

RULE 10

法则 10
做好精简的准备

假设你管理着一支管弦乐队，听他们的演奏时，你觉得有些不对劲。对，是长笛手，他跑调了，节奏也和其他人完全不同。现在，你有三个选择：

- 忍受下去；
- 做出改变；
- 结束表演。

让我们认真思考一下这三个选择。不论是人际关系，还是生活、工作、为人父母，每一次我们都会遇到同样的三种选择。

好吧，假设你选择忍受。这会导致整个乐队的演奏都会变得极不和谐，似乎谁都在跑调，所有人都没能完成既定的工作目标——为听众奉上优美的音乐。你的听众（目标客户）不会忍受下去，他们会指责你，也就是乐队的领导，说你是头"蠢猪"[1]，当然他们大概说得没错。

假设你决定想办法做出改变。长笛手××重新接受了培

---

[1] 他们未必会这么说，但我还是选择这个他们可能会说出口的词语。

训。他参加了一个寄宿制的长笛课程。培训回来后，虽然乐谱对了，但他却决定换成演奏大管，因为长笛的局限性太大。问题解决，干得漂亮。

可如果有人是音痴，根本不该进入管弦乐队，更适合他们的是拉响火灾警报，你该怎么办？你绝不能仅仅是给他们换一种乐器，比如让他们敲三角铁。他们只会再次搞砸，而这时整个乐队已经彻底失去信心，开始反抗你的命令。

接下来是第三种选择。你决定裁员，这是一个迅速而仁慈的过程。他们去其他地方发挥自己的才能，而乐队的其他人会把你看作具有决断力、清楚地知道自己的需求、客观公正（你把其他人的利益置于一个糟糕的长笛手之上）且掌控一切的人。干得非常漂亮。

做好清除杂草、裁掉废物和开除糟糕长笛手（或者其他不符合标准的成员）的准备。

> 现在，你有三个选择：忍受下去；做出改变；结束表演。

RULE 11
法则 11
尽可能多地或者大胆地清除不必要的麻烦

优秀的管理者（从今天开始就是你）知道，他们管理的是事件、过程、状况和战略。他们控制的，从来不是个人。假设你有一个大花园，你决定聘请一个园丁。你会管理园丁吗？当然不。他们能很好地进行自我管理，别操心。你的工作是管理花园。你需要决定种什么，在何时何处种植。园丁就像铲子或者独轮手推车，成为了花园里的工具，你可以利用这个工具更有效地管理花园。可你管理的并不是园丁；他们在自我管理。你把自己的要求告诉他们，由他们完成相应的工作。分派任务后，他们自然会完成挖坑、种植、修剪、照料和除草这些工作。植物实际上也能自我管理，你和园丁实际上也没有种植什么——你们只是在管理。园丁只是有用的助手，只是搞定工作的工具。

如此说来，尽可能多地把具体事务的决定权交给园丁，解放自己，戴着墨镜，喝着冰镇饮料，同时把更多精力投入到长期战略、设想长远计划和季度种植计划、研究种子类别上，这么做也就理所当然了。

当园丁修剪草坪、清除杂草或者修剪树枝时，你没有必要站在旁边监视。把工作交给他们，放手让他们去做就可以了。

完成工作后，你可以检查他们的成果，确保他们高质量地完成工作。之后就不要再去检查了——不要总是查来查去。

　　这就是优秀管理的秘诀。给他们一份工作，让他们自己想办法完成。检查一两次，确保他们没有偏离你的想法，下一次就可以放手让他们自己做了。逐渐增加他们的工作量，逐渐减少涉入人事方面的管理，把精力更多地投入到计划制订中。打造一个团队，信任他们。有时候这种做法会适得其反，他们会偷懒，不认真干活，完成的工作质量很差——说真的，这是你的错，因为你是管理者，这是你的团队。这个问题很严重，而且责任完全在你。在下面的章节中，我们会找到办法确保不会出现这种情况。

> 给他们一份工作，让他们自己想办法完成。

RULE 12

法则 12
允许他们犯错

有一句老话大概是这么说的，"跟我说，我能记住一小时；让我看，我能记住一天；但让我动手做，我就能铭记在心。"这话很有道理。不过放手让人们去做，最初他们一定非常糟糕。他们会犯错，而你必须允许他们犯错。

如果你有孩子，你就知道一个两岁孩子坚称自己倒饮料不会洒，结果却洒了一桌是一件多么让人崩溃的事。你会拿着一块抹布站在他们身后，因为你知道接下来会发生什么：

• 他们会把饮料洒出来；

• 你得把桌子擦干净；

• 洒饮料这个过程非常重要，你要允许他们经历这个过程，以后才不会再出现这种情况，但是首先他们需要有把饮料洒了一桌的经历。

作为家长，你得时刻关注孩子。如果饮料洒得太多，你得做好拿走瓶子的准备；如果倒得太满，你需要拿走杯子；如果孩子太专注，你还需要在他们从椅子上摔下的瞬间扶住他们。

我不是说你的团队成员像小孩子——其实我就是这个意

思，难道他们不是吗？但重要的是，想让他们取得进展，你就要学会允许他们犯下"洒饮料"式的错误。只不过你要准备好一块抹布，时刻做好清理准备罢了。

每次洒出饮料，你也不要让他们灰心丧气。相反，你还要表扬他们。"干得漂亮，做得好，巨大的进展。"尽量不要让他们看到你放在身后的抹布。

> 跟我说，我能记住一小时；让我看，我能记住一天；但让我动手做，我就能铭记在心。

RULE 13

法则 13
接受他们的局限

我们在前面说过，想把一个团队有效地捏合在一起，你需要不同的零件——换句话说，不同的团队成员。其中一部分人擅长做某事，另一些人则不擅长。如果所有人的技能都相同，那么我们就不可能成为一个团队——要么都是领袖，要么都是追随者，但我们需要的是领袖与追随者的结合，不是两者取其一。

如果团队中的某些成员不是领袖或者追随者，你也只能接受这个事实。如果一些人精通数字，另一些人数学一塌糊涂，你也必须接受这个现实。如果一部分人在无监管下工作状态更好，另一部分人则需要有人监督才能好好工作，你也只能默认。

接受以上现实的前提，是充分了解自己的员工。你必须知道他们的优点和缺点、好处和坏处。如果不知道——我相信这不是你——你做的工作便永远驴唇不对马嘴。

并非所有人都像你一样聪明、坚决、有野心或有动力，你必须接受这个事实。有些团队成员可能从根本上就没救了，如果毫无希望，你需要的是法则 10，而非法则 13。不要匆忙行动，你可能并不需要由一群天才组成的团队（如果聘用过于聪明的人，他们会迅速离职）。

假设你的团队里有机械操作员或行政助理，你不需要这些优秀的员工拥有爱因斯坦般的大脑，也不需要他们有提供好创意的能力。但你需要他们能够连续几个小时坐在同一位置上、完成可能把你我都逼疯的工作。不要期望他们会发挥创造力、提出新方案、做出创新或发明新技术。你必须接受他们有局限性的事实，接受真正的他们。因为这些局限就像框架，在这个范围内，你可以激发他们的最佳表现，也就是最佳状态的他们。你也需要尽快了解自己的局限性。你能做什么、不能做什么？没有不能做的吗？拜托，别开玩笑了。

> 如果所有人的技能都相同，那么我们就不可能成为一个团队——要么都是领袖，要么都是追随者。

RULE 14

法则 14
鼓励他人

如果不把自己的满意表现出来，长此以往，你的员工就会萎靡不振。人们工作的动力各不相同——不可否认，大部分人工作的目的就是挣钱——但排在他们心愿清单前的一个未明确列出的愿望，就是"得到老板的表扬"。顺便说一句，这个老板指的就是你。

他们可能把这称为"认可"或者"感觉我做得很好"，可如何才能让他们知道这一点？当然是由你告诉他们。

你可以事后表扬他们——等他们高质量地完成工作后，再告诉他们做得很好；你也可以提前给予他们鼓励——主动对他们提出表扬。实际工作完成前，告诉他们，自己相信他们一定能圆满完成工作。为什么？如果提前表扬，他们高质量完成工作的可能性就会显著提高。他们不想让你，也不想让自己失望。

成为管理者是极简主义者的梦想。你希望打造出一支优秀的团队，而你也希望付出最少的资源打造出这样一支团队。表扬是免费的。表扬随时可用，永不枯竭，可以说 100% 有效，做起来极为简单，且无需耗费任何时间。

为什么管理者很少表扬自己的员工呢？因为表扬他人需要足够的自信。你需要对自己拥有足够的信心，才能在工作尚未完成前就表扬手下的员工。如果怀疑自己，你也会怀疑他们。如果怀疑他们，你肯定不会表扬他们，反而会产生"他们一定会搞砸"的想法。

说出"加油，你能做到，你没问题"这话，你需要的只是勇气。赋予其他人的责任越多，越是信任他们，表扬、鼓励得越多，他们给你的回报也会越丰厚。"表扬"不仅没有成本，而且回报颇丰。不要吝啬鼓励。

鼓励是种氛围，团队成员会彼此鼓励对方，应当天天有人说"你做得到"这句话。你不说这句话，那你的员工也就不会说这种话。鼓励优秀员工帮助不那么优秀的同事。任何优秀的团队都会鼓励团队成员之间互相帮助，团队领袖也会对这种做法予以表扬。团队成员是一个整体，要么一起沉沦，要么一起成功。

> 实际工作完成前，告诉他们，自己相信他们一定能圆满完成工作。

法则 15

非常善于寻找合适的人才

你必须善于寻找合适的人才，为他们安排合适的职位，剩下的交给他们就可以了。我知道这条法则需要依靠一些本能，但我相信你知道我说的那种管理者。他们身边都是能够胜任工作的人，而这些人只是坐在一边，看着手下人达成目标。你也可以像他们一样。这是一种特殊的能力，你也可以培养。在我看来这是两种能力：一种是挑选合适的人，另一种则是放手让他们独立完成任务。你对他们必须拥有足够的信任；不仅相信他们的能力，也要相信自己的直觉。

你要有一个清晰的概念，知道自己需要寻找具有什么性格、什么能力的人。举个例子，你需要一个高级客户经理——这是你要寻找的对象。但具体是什么人呢？善于团队合作？优秀的全能选手？能迅速做出决断的人？能预先做出计划的人？了解行业潜在法则的人？精通数据表格的人？能和过度兴奋的团队合作的人？

我相信你已经明白了我的意思。如果清楚地知道自己需要什么样的人，你就能成为更成熟的管理者，掌握了寻找合适人才这一难以表述的能力。这不是一种直觉，而是计划、远见、逻辑思维和努力的结合。

我犯过一次错误，完全被一个经理的证书和文凭误导。当时我是总经理，寻找一个下属经理。我只注意到了他的技能，但没能真正了解他这个人。没错，他拥有各种各样的证书，有资历，工作能力很强。但他不注重团队合作，什么事都要竞争，特别是和其他经理在一起时。尽管他本人觉得没问题，但我和其他想精诚合作的经理都无法忍受这样的人。这是我不善于寻找合适人才的一个例子。我找来了一个错误的人，后来费了很多力气才摆脱他。我只能怪自己，因为我没有想清楚到底需要什么样的人。

如果你在这方面的能力也不强，或者仍需提高，那就邀请你尊重的人一起参加面试，多一种看问题的角度。寻求导师的帮助，明确自己到底需要什么样的人才。

> 你必须善于寻找合适的人才，为他们安排合适的职位，剩下的交给他们就可以了。

RULE 16

法则 16
聘用未经雕琢的人才

你知道第一部《哈利·波特》被多少出版社拒绝吗？我听说过好几种答案，但不管怎么说，第一部《哈利·波特》至少被 8 家出版社拒绝过。那我们该怎么看待最终决定签约作者的巴里·康宁汉姆（Barry Cunningham）呢？显然他比拒绝了这本书的其他人要聪明得多。

每一个取得了巨大成功的经理人都经历过离开大学、初出茅庐一无所知的阶段；他们等待着有人赏识自己，期望有人给他们一份工作。他们曾是渴望得到提拔的初级经理人，或者是渴望主持新项目、领导一个部门或企业的中层管理人员。

你需要的是他们这样的人，即"未经雕琢的人才"，他们做好了承担更多责任的准备。不要在意经验——只要给时间，任何人都能获得经验。可真正的天赋、智慧和活力是无法伪装出来的。找到拥有这些特质的人后，先给他们工作，细节问题以后再说。仅有工作激情是不够的——可悲的是，很多没有才能的人偏偏不缺激情——但重要的是工作能力和洞察力。

当然，这些天赋异禀的新人未来有可能比你更优秀。他们可能迅速爬升，甚至超越你的晋升速度。有些人会因此感到担忧。可真正的"法则玩家"不会担心。你看，真正精通所有法则的人都知道，即便出现这种情况，他们也与有荣焉，就像给J.K. 罗琳（J.K.Rowling）送上第一份合同的那个出版社编辑一样。

认真想一想就知道了。不管有没有你，这些人都能走到最顶端。能成为慧眼识金的人、成为敢于给他们工作的人、为他们的成长铺路搭桥，这不是很好吗？

一旦开始组建自己的团队，团队成员及他们的表现，最能说明你是一个怎样的管理者。团队越优秀，人们就越会对你刮目相看。有些顶尖的管理者甚至坦白说，他们唯一有用的能力，就是聘用比他们更聪明的人干活。他们说这些话可能是出于自谦，但事实上，那确实是成为顶尖管理人员唯一需要的技能。知道该聘用什么样的人，除非提供资源，否则不要横加干涉他们的工作。这么做，你不仅不是个糟糕的管理者，反而能够成为顶尖的管理者。就是因为你的慧眼识金，你的团队将会拿出更出色的工作表现。

> 认真想一想就知道了。不管有没有你，这些人都能走到最顶端。

法则 17
担起责任

　　抱歉，如果团队搞砸了，错全在你。如果团队做得好，功劳也全是你的。好的管理者总会承担起自己的责任。拿团队做借口很容易，但这种做法根本站不住脚。你是领袖，是经理，是老板。可如果局面急转直下，你就必须挺身而出，接受外界的抨击。

　　"因为……所以我们没能完成目标。"这是一个轻松的借口。但你该说的其实是"我没能完成目标，因为……"而且"因为"后必须用"我"，而不是"我们"。

　　有些话说起来很轻松，比如，"因为年轻的布莱恩不小心惹怒了××客户，他们的撤出导致我们的销售业绩下滑，没能实现目标。"可是又是谁安排了年轻的布莱恩负责如此重要的一个客户呢？是你。谁负责组织销售呢？是你，必须是你。当局面变得困难时，如果你能担起应负的责任，你的团队就会誓死跟随你。相信我，没有什么比老板挺身而出说出"我来负责"更能激发员工的忠诚感了。

　　我也知道，这件事做起来很有难度，可以说是极其困难。一个人需要具备足够的自信、勇气，必须足够成熟。

　　你可能认为这么做对自己不利，好像自己不能胜任工作。

但事实正好相反。如果上司看到你挺身而出，说出"我们丢掉了这份合同，我承担全部责任——我们会采取以下方法，确保以后不会再发生这种情况"这样的话，他们就不会把之前的挫败看成失败——在他们眼中，你就是未来的董事会成员。

> 拿团队做借口很容易，但这种做法根本站不住脚。

RULE 18

法则 18
该表扬时就表扬

正如你要勇于承担责任和指责一样，当局势一片大好时，你也必须表扬团队成员，把功劳归于他们。如果和客户××那笔成功的交易源于你熬夜工作，并且用了以前工作的老关系，或者知道竞争对手不知道的秘密，为什么你还要说"这是团队的功劳"呢？

承担责任、承受指责当然能激发团队成员的忠诚感，而该表扬的时候就表扬也能起到同样的作用。在公开场合大声、真诚地做出表扬，你必须这么做。别不情不愿地说出"功劳属于我的团队"，谁都能听出"我最重要"这个言下之意，你其实是在暗示团队的作用并不重要。谁都知道你是团队领导，所以没必要明说。你可以说："干得不错，这是出色的团队合作。我很幸运拥有这样一个团队。"这种说法似乎暗示你没有参与具体工作，但所有人都知道你是团队领袖，这是你的团队；团队成员会爱戴你，其他人则会觉得你非常谦逊，不喜欢抛头露面。这么做才漂亮。

需要再次强调的是，这么做需要足够的勇气和自信。你很努力，把功劳让给别人似乎很不公平。我知道你真的很想站起来大喊："听着，是我，所有工作都是我一个人做的，好吗？"

但你不能这么做。

要知道，不管你怎么认为，你都不可能独立做完所有工作。如果负责销售，销售的产品自然由专门的团队负责生产。没有这个团队，你只能去推销垃圾了。告诉他们，因为他们的团队出色地完成了工作，所以推销工作几乎不费吹灰之力。团队成员就会备感自豪，未来也会付出双倍努力。

没有这个团队，你只能去推销垃圾了。

RULE 19

法则 19
为团队提供最好的资源

　　如果团队是你为了获取更多成效的助力，那么团队使用的资源就是实现这一目标——即你的自我目标——的工具。有太多管理者认为，缩减团队的资源是拍马屁、提高自己在上司眼中印象分的方式。可这种印象分能用在哪里呢？天堂？我不这么认为。你必须为团队提供最好的资源。剥夺团队的资源，实际上就是在减少成功、让自己获得更多荣誉的机会。

　　我知道很多经理会说，"微软 Vista 系统他们还能再凑合用上几年"，或者说"买了新 iPhone 他们肯定天天玩游戏，再拖一段时间我还能省点钱"。我甚至听过"我得抠门点，免得失控"这样的话。

　　我的老天。为你的团队提供最好，也必须是最好的资源，让他们好好工作，你的形象会因此变得高大。

　　如果需要技术，你要竭尽所能为他们提供技术；如果需要更多的人力、更好的机器、更高质量的工具，想办法满足他们的要求。无论是什么，只要能让他们更漂亮、更快、更好、更有成效、成本更低地完成工作，你就需要想尽一切办法搞定这些事。即便这意味着和人争吵、拼命努力、跪求别人甚至超过预算。从现在开始，不要迟疑。

　　如果对团队可获取的资源做出限制，你就不要期待他们付出最大努力及有工作的动力。他们会和你认识的人交流：同一组织里的同事，以及其他组织里的朋友。如果吃亏了，他们自然会知道，也会因此讨厌你，导致工作效率低下。这种情况下，你也不可能取得成功。这一事实告诉我们，要尽全力为团队提供最好的资源。

　　为你的团队提供最好，也必须是最好的资源，让他们好好工作。

RULE 20

法则 20

庆祝

　　每天我都会找一个理由奖励我的员工——无论工作成果有多琐碎和微不足道，我都会帮他们小小地庆祝一下。假如你也这样做，你就会拥有一个动力十足、愿意为每一次成功庆祝的员工。这真的太重要了。

　　至于奖励什么？很少：一盒甜甜圈；卡布奇诺上多一点奶泡；有走出大楼晒太阳的机会。

　　有时候，如果取得了好成果，我会把某一天定为"特别日"，带所有人一起出门吃午饭，听他们糟糕的冷笑话——记住，别一次性都做了。

　　有时候，即便没能拿下订单，我也会把那一天当成"特别日"。犯错、失败、出现事故也能得到奖励。为什么？不管怎么说，他们已经拼尽全力，做出了最大努力，为这份工作拼死拼活。为什么不奖励他们呢？失败并不等于没有努力。我奖励的，就是他们付出的努力。我要庆祝我们做对的事情——无论是努力、挣扎、决心，还是团队合作、充沛的动力和扎实的劳动。

　　不要只为大事庆祝，也要庆祝所有点滴的成功——庆祝规模自然要小一些，但一定要庆祝。不过是出门喝咖啡，买一盒甜甜圈（或者是苹果，看他们喜欢什么），你能付出多少成本？非常少。可员工心中由此产生的暖意，远超你付出的任何成本。

> 为什么不奖励他们呢？失败并不等于没有努力。

RULE 21

法则 21
记录自己的言行

你大概会想，除非是想给自己挑错，谁会这么做呢？事实上，越是优秀的管理者，就越需要记录更多的信息。为什么？原因有二。

第一，保持一致性。你需要留下全部记录，以便未来随时查看。"我以前是怎么做的？"这个问题时不时会出现在你的脑海里。团队也需要你的言行保持连贯和一致。如果不记得上一次是怎么做的，这个目标自然无法实现。

上一次吉姆谈下了一个大合同，你请他去高档餐厅吃了顿大餐。这次特莉也谈下了一份类似的合同，但你只请她喝了杯咖啡、吃了点面包。特莉想必会很不高兴，下一次她也不会再付出全力。所以你需要记下自己的做法，需要时随时查看。与此类似，如果你对客户 X 说他们拿到了和客户 Y 相同的报价，可如果他们发现你说的不是真话，下次他们大概就不会跟你做生意了。保持一致性很重要。

第二，留下证据。身为优秀的经理，作为出色的管理人员，你可能会遭遇外界的嫉妒、厌恶和怀疑。并不是所有人都像你一样坦率。

如果你的团队付出了 110% 的努力，而另一个团队因为糟糕的经理只投入了 60% 的精力，有些人却认为你投机取巧，而不是去思考自己的管理水平是否存在问题。此时你就可以让他们看到成功的起源，或者展示自己言出必行，证据总能堵上他们搬弄是非的嘴。

作为管理者，你必须做出决定、发送备忘录、撰写电子邮件、提出报告。每件事都要做记录。每一封电子邮件都应当留存：这不是什么大事，毕竟现在电脑都有着巨大的存储空间，就算把每一封发过的电子邮件都存下来，所占空间也不过九牛一毛。

> 越是优秀的管理者，就越需要记录
> 更多的信息。

法则 22
及时发现工作场所中的摩擦与不和

　　经营团队时，你面对的其实是每一个个人。有时候他们的关系会朝着不和谐的方向发展，出现摩擦和争执。原因是什么？谁知道呢，这就是现实。他们侵占彼此的空间，偷吃对方的饼干，抢占他人的停车位。谁先挑起来的？没人知道。你能放任局面进一步发展吗？废话，当然不能。你必须在这类状况处于萌芽状态时就灭掉这股势头。

　　办公室矛盾出现前，你需要敏感地注意到任何苗头——这时就要着手采取一些行动。没必要让事态持续发酵。想做到这一点，你必须时刻留心观察。你必须了解每一个团队成员的秉性，才能在初期注意到警示信号。

　　如果不在萌芽状态时掐灭矛盾的火苗，局面就有可能发展到无法控制的地步。最开始只是互相找茬，最后会发展成全面的办公室战争，所有团队成员都不得不站队。

　　你要寻找的苗头是什么？不该平静时的平静；奇怪的抱怨："天啊，我真希望克莱尔别没完没了地跟我说话。"牢骚和恶毒的八卦；过于激烈却又不必出现的竞争；突然出现的界线，比如用盆栽植物划分办公桌边界；办公桌上的书和电脑被用来遮挡其他人的视线；社交活动时，有些人被故意遗漏；同事间开玩笑时，有些人被故意忽视。

我相信你们也知道很多微小的苗头，所以要时刻保持警醒，注意观察。秘诀就是阻止局势恶化，以免发展到过于糟糕的程度。在这种时刻，你需要变身成外交家、长辈、政治家和裁判。

你绝不能站队。你必须迅速、坚决地行动，明确表明"不允许结怨"的态度。把他们集中在一起；给他们讲道理；将他们分开；调整他们的上班时间；让他们保持距离。你可以做很多事，我相信你能在正确的时间挑选出正确的方式来解决问题。

你绝不能站队。你必须迅速、坚决地行动。

RULE 23

法则 23
营造良好的氛围

营造良好的氛围不仅简单，而且至关重要。如果员工郁郁寡欢、意志消沉，他们肯定有所表现。他们会表现在对待工作、应对客户和面对同事的态度上，会表现在他们与他人的互动中。最重要的是，他们的情绪会反映在与你的互动中。

礼貌地、发自内心地问一声早安，这无需任何代价。这不是杂务，和开会时给每个人端上一杯咖啡或茶不一样。"今天过得怎么样？"问这句话只需几秒钟时间。任何工作场合都适用的三个准则：

- 礼貌；

- 友好；

- 善良。

我们都认识几个爱喊叫、态度粗鲁、喜欢挑食的老板，但是和恐龙一样，这些人正逐渐绝种，我们已经迎来了新时代。人们有权：

- 得到尊重；

- 受到文明的对待；

- 得到尊严。

如果给不了这些，你就不该做管理者。但我相信你可以。营造良好的氛围并不难，这需要的是自上而下的努力。你有责任成为一个令人高兴、体贴、礼貌、能够帮助他人的人，这也是你的工作。员工是你最重要的资源之一——想取得巨大成功，他们就是你的工具和武器。没有他们，你什么也不是；有了他们，你们才能组成一个团队。友善地使用他们，不要虐待他们。你需要真心对他们本人感兴趣。如果没时间，那就创造时间。我说的是"谦恭有礼"。这是一个老派的概念，但我保证，秉持这种态度，你就能突破对方的心理防线，让他们心甘情愿地完成通常会被拒绝的工作。

> 没有他们，你什么也不是；有了他们，你们才能组成一个团队。

RULE 24

法则 24
激发忠诚感和团队精神

如果需要团队合作，那么你和团队成员在一起的时间很有可能会比陪伴家人的时间还长，其他团队成员也是如此。如果现实中是这种情况，那么你最好打起精神，全身心投入。你们不需要彼此相爱，但你们确实需要成为一家人。而最好的方法，就是激发团队成员的忠诚感，创造团队精神。作为管理者，你必须成为一家之长。

你必须受人尊重和敬仰，被人信任和依赖。这个要求可不算低。你能全部做到吗？肯定可以啊。你需要做的就是：

• 给他们回报；

• 表扬他们；

• 友善地对待他们；

• 信任他们；

• 激励他们；

• 领导他们；

• 给他们动力；

• 帮助他们成长；

• 真心地关心他们。

　　这些事情说起来容易做起来难。还有一种可能，你看着这份清单，嘴里说着"没错没错，我都做到了"这种话。抽时间认真回忆，思考上面提到的每一条。你真是那么做的吗？能做得更好吗？你敢保证不是自以为做到了、实际上可能并没有满足以上要求？自认为做到和实际上做到，截然不同。寻找愿意做出真诚反馈的人；理想状态下这个人应当是你的团队成员——如果不是，那就寻找关注你和你团队的人。在他们看来，你做到了吗？

　　我曾经和另一家公司展开过竞争。那个团队中的一个人和我的团队里的一个人住在一起。她把自己老板的所有计划、数据、结果、未来的宣传策略等消息全部告诉了约翰，也就是我的手下员工，所以每一次我都能击败对方的经理。显然她和约翰都会聊到自己的工作，为什么她不把我的信息传递给她的经理呢？很简单，她不喜欢自己的经理；而这完全是这个经理的责任。他粗鲁地对待手下员工，态度恶劣、没有合作精神，甚至有些残忍。我是个软柿子吗？当然不是。我很严格，公事公办，但我尊重每一个人。我不需要做得太多，因为竞争对手犯了太多的错，我怎么做都不会太差。

> 如果需要团队合作，那么你和团队成员在一起的时间很有可能会比陪伴家人的时间还长。

法则 25

相信自己的员工，并且展现出来

我猜你有一台电脑。这台电脑动不动就死机——没错吧。你有一辆车，没事就出毛病，小划伤也算——这司空见惯。我猜你不会特别在意这些问题，不会总惦记这些毛病，不会没日没夜地盯着它们，试图找出任何可能崩坏的迹象，对吧？显然不会。所以说，不要这样对待你的员工。他们时不时也会疲劳、懈怠、出问题，但我们要接受他们的局限性（见法则 13），要允许他们犯错（见法则 12），我们不是在控制他们，而是在管理工作的进程。

如果能做到信任员工，下一步就是要把你的信任展现出来。信任很重要，被人看得见的信任也是关键。有时候你必须表现得夸张一些，大张旗鼓地表达自己的信任。

退后一步，放手让他们独自完成工作，你用这个方法展现自己的信任。不要偷偷观察他们，时不时检查他们的工作，不要在他们每做一个动作、咳嗽一声或者起身时都神经紧张。放松，不要打扰别人的工作。你可以要求他们在每天 / 每周的最后时刻向自己汇报，鼓励他们有问题的时候随时找自己讨论。不过你需要明确表达对他们的信任；告诉他们，需要帮助或指点时，你永远是他们的后盾。

你可能会说，如果我真的不信任他们怎么办？如果我知道他们懒惰、身无长技又喜欢偷懒，我该怎么办？假如他们真的不够优秀？团队的主管是谁？是谁雇用、培训、留住了这样一群没用的人？

抱歉，话说得可能有点重，但我们必须面对现实。如果不能相信自己的团队，你首先要反思的是自己的管理技巧，或者继续读这本书来寻找解决方法。优秀的团队领袖（就是你）的身后总有一个优秀的团队。如果团队存在缺陷，那么团队领袖的领导能力肯定有缺陷——这一定不会是你。如果团队很优秀，你当然可以信任他们。如果团队不值得信任（你确定吗），你就需要改变现状。

> 退后一步，放手让他们独自完成工作。

RULE 26

法则 26
尊重每个人的不同

　　我有好几个孩子，我希望他们能像团队一样和睦相处。但我也足够理智，知道他们拥有各不相同的性格，如果我一成不变地对待每一个人，适用完全相同的法则——惩罚法则除外，最后的结果要么是根本没人听我的话，要么是一片混乱。其中一个孩子——我不会在这里提具体的名字，但他们知道我说的是谁——不能被催促；不论什么形式，不管怎么样都不行。如果给他压力，他就会固执己见，绝不动摇。你可以引导、诱惑，换种方法让他加快速度。我还有一个儿子，必须时刻提醒他放慢速度。我必须尊重每个人的不同，想办法和他们合作。这是我唯一的选择。

　　你的团队也是如此。有些人可以被督促，有些人不行。有些人需要放慢速度，另一些人则需要督促他们加快速度。有些人带着微笑来上班，另一些人一大早最好不要去招惹。一部分人可能特别擅长技术性的工作，另一部分人则正好相反。让我们回顾法则 2 里贝尔宾说过的话，看看团队里的每个人能够做出哪些不同的贡献——而差异性正是让你的团队变得出色的原因。

　　在我的孩子中，如果需要迅速做完一件事，我知道该吩咐哪个人；如果需要更有条理、更慢地做一件事，我就会选择另一个孩子。

尊重每个人的不同，在于用不同的态度对待每个人，在于为每个人选择适合他们的工作，也在于你期望的完成工作的方式。每个人都是不一样的，谢天谢地，如果世界上都是和我一样的人，连我都知道那有多恐怖。而正是因为每一个人的不同，才让一个优秀的团队有效地整合在一起。

假设你管理的是一个销售团队，大多数成员都西装笔挺、言辞犀利（和你一样），但有一个人喜欢穿休闲服，更愿意和客户闲聊，不要仅从这个角度就把他定义成"不符合公司文化的人"，评判的标准应当是工作业绩。如果他能完成目标，也受到客户的喜爱，那么就"差别万岁"。

差异性正是让你的团队变得出色的原因。

RULE 27

法则 27
倾听他人的创意

如果你认为自己无所不知，那你很有可能就会盲目自大，没时间倾听别人的意见。但我知道，你不是这种人。无论职位多低、工作有多卑微，每个人都有值得你倾听的创意。试着和电梯操作员、泊车服务员、食堂员工这样的人进行交流。最重要的是，倾听团队成员的意见；他们都算得上是内部人士，利用资源、需要做出产品的也是他们。他们走在行业的最前沿，所以他们可能有创意，可能有非常好的创意。你不要每件小事都去咨询他们的意见，但是遇到大事时和他们交流，你可以听他们的反馈意见、创意，让他们展现创造力。

不过你也要谨慎，尽管要听他人的意见，但决定权仍然掌握在你的手里。倾听并不意味着必须对每一个创意都做出反应。如果他们透露出这种想法，你必须在萌芽状态时就清楚这种错误的观点。否则未来你就会遇到大麻烦。听着，理解他们的意思后，根据你听到的、自己的经验和想法以及现实情况做出判断和决定。不利用员工提供的信息，导致他们无比沮丧，这自然不好。他们会说："把我的想法说给老板听，但他们从来不用，这有什么意义呢？"

倾听时，不要流露出一定会使用他们创意的倾向，这样当你做出完全不同的选择时，他们也就不会失望。不过，你可以让他们产生自己的创意被融入整体战略中的想法。

可以说，我见过的每一个团队成员都能对经理讲出一些有用的信息，指出团队或公司做错或者能做得更好的地方。如果你在这个问题上保持开放心态，提出有质量的问题，不带偏见地倾听（或者以权压人），你的管理水平便会立刻超越大多数管理者，步入更高的境界。

> 你可以听他们的反馈意见、创意，
> 让他们展现创造力。

法则 28
针对不同团队成员调整自己的管理风格

调整管理风格不等于变成"变色龙";这意味着了解每一个团队成员的特点,并因人而异做出不同的处理。有的人性格外向,希望公开得到表扬;有的人更安静、更内向,他们喜欢私下听到你的赞扬,如果被公开表扬他会尴尬得无地自容。如此一来,你无须改变自己的立场和个性也能改变自己的管理风格。

我的团队中曾经有一个非常优秀的成员,她的工作非常出色,但是极其痛恨他人的评价。她讨厌谈论自己,不管是什么形式,这种厌恶甚至到了有点恐惧症的感觉。对于每半年一次的工作评定,只要她听到我有意评估她的风声,她都会紧张得恐慌症发作,所以我需要改变自己的管理方法。我的团队里还有一个成员,每天早上都会微笑着和我打招呼,"老板,我今天怎么样?"他很喜欢谈论自己,只要我愿意,他乐意听到我对他每天工作的评价。这两个人都拥有极强的工作能力——否则就不会出现在我的团队里了,但我需要用完全不同的方式管理这两个人。我希望他们持续高质量地完成工作,为了让他们拿出最佳状态,我必须采取不同的管理方法。

与此类似,有些人喜欢独自一人创造机会、做好工作,如果需要帮助，他们（开朗的自我激励者）自然会来找你，其他人则需要你给他们指出方向，把具体工作交给他们去做。对于前者，不要过度干涉——他们会抵制你的管理，并且被激怒（甚至有可能辞职）。相应地，不要过度放纵后者，他们会迷失方向，不认真工作。思考每一个人的个性，考虑他们的需求及动力，相应地调整自己的管理风格。

> 了解每一个团队成员的特点，并因人而异
> 做出不同的处理。

RULE 29

法则 29
让他们产生比你懂得更多的感觉（即便不符合事实）

　　这是一条非常简单的法则，但我打赌几乎没有管理人员用过。为什么不用？人们可以因此产生"我很特别，我是个重要人物"的感觉。你只需要说："你了解这方面，你怎么看？"这条法则的核心在于：

- 询问对方的观点；

- 了解他们的想法；

- 赋予他们从未承担过的更大责任——挑战来临时人们的应对总会给你惊喜；

- 和他们讨论重要议题和新闻；

- 鼓励他们做出反馈；

- 绝不要以"不过是个下级员工"的借口就随意打发他们。

　　即便知道自己在某个问题上比他们懂得更多，你还是要这么做。他们会因此心情愉悦，工作表现更出色，还能从与你的对话中学到东西。说不定你也能学到新的知识。

　　与此同时，带他们了解所在行业的全貌，让他们的思维不再局限于某一个部门。你需要展示出他们在整体框架中的重要作用，让他们知道自己的工作很有价值，让他们产生没有自己整体工作就难以为继的感觉。

　　要像对待一个有价值的客户一样对待你的员工。把行业秘密告诉他们："这么说吧，我们已经在硅片上用上了全新的XP8涂层，不像马瑟斯 & 克劳利，还在用老款的XP5，不过我想你已经知道了。你得保守秘密，就像我们去年先发制人，抢在他们前面拿下 DVLA 那份大合同一样。"

　　及时向团队成员更新行业的最新发展——你可以订阅行业新闻和杂志、技术周刊和报纸之类的东西——他们会产生你认为他们对这些内容有兴趣、了解相关信息和博学的感觉。这种做法可以鼓励他们继续学习，有了解更多信息的欲望。

> 鼓励他们继续学习，有了解更多信息的欲望。

RULE 30

法则 30
没必要强辩到底

你是老板，是总经理，我懂；要我说，可能你还是个非常优秀的管理人才。可没必要每次都争得面红耳赤，非要辩出个输赢，这毕竟不是小孩子玩游戏。

如果有团队成员公开反对你，可能是出于以下两种原因：可能他们非常有信心，愿意展开辩论（这自然是好事）；或者他们行为出格，你没能施加有效的惩罚去阻止他们。这既有可能是局面急转直下前的警告信号，也有可能是良好局面的象征。只有你才能做出判断。

做事出格时就涉及纪律和惩罚，但你需要私下解决这个问题。记住，你的员工都是成年人。你需要给他们留出展示自我的空间，这意味着他们有时会不同意你的意见、和你争论甚至吵架。在优秀的团队里，这是正常现象，人人直抒胸臆，没人真会生气。但糟糕的团队显然是另一种情况。

每次都争论到底，非要别人认同你的观点，或者不管多小的事都要纠正团队成员的做法，这些并没有什么意义。有时候，不论对与错，放手让事情过去就是最好的选择。在重要的事情上必须拥有决定权，其他事情顺其自然，你需要了解这两者的区别。

> 记住，你的员工都是成年人。你需要给他们留出展示自我的空间。

法则 31
懂得其他人承担的角色

曾经我认为，成为优秀的管理者，除了要做好本职工作，也就是管理之外，我还得会做其他人的工作。我真心认为，别人的工作，我即便不能做得更好，至少也得达到和他们一样的水准。出现紧急情况时，我就能挺身而出填补空缺，团队整体技能就能正常运转。我打赌你也有过类似的想法。如果我做了别人的工作，谁来顶替我？

答案自然是：没人。

关键在于，你要对所有工作的内容都有一个现实的了解，但你并不需要亲自去做那些工作。遭遇危机时，你确实需要备用人才，但这个人不该是你。做好现在的工作，也就是管理，便足够了。

了解其他人的角色，最好的办法就是知道不同的工作分别解决什么问题以及工作机制。当然，在具体工作上，你不需要拥有和团队成员一样的能力——他们也不能白拿工资。否则的话就像养了只狗，你却叫个没完——知道看门狗的作用就可以了，你没必要追咬小偷去体验看门狗的工作。

很多时候，你还会聘请负责特殊工作的人，而你对这个工作可以说一窍不通。比如你是发电厂经理，你不需要知道如何计算钚的使用寿命，但你必须知道如何聘请一个能做这份工作的人。

同样重要的是，团队成员相互理解各自的工作内容。这也能创造良好的团队精神，并且营造出归属感和忠诚感。

> 在具体工作上，你不需要拥有和团队成员
> 一样的能力——他们也不能白拿工资。

RULE 32

法则 32
确保人们知道你的期望

简单描述工作内容，送上合同，然后冷眼旁观、期望对方迅速上手，这些事情做起来毫无难度。问题在于，这会让很多人对工作感到困惑，浪费大量时间。最好还是从一开始就把你的期望明确告知他们。

你对他们的期望是什么？最好远超工作本身。你需要将每一个人的角色都思考透彻，明确知道自己到底对一个特定的人有什么样的期望。

重要的是，你要让每个人都知道自己在战略计划中的作用以及由此产生的期望。团队成员了解团队及公司的价值观、标准，这至关重要。在这些价值观和标准下，我们对他们的态度及行为有什么期待（公开？坦诚？有创新精神？关心他人？还是尽力而为）。情绪要求、严格遵守时间的要求、有关加班的规定、面对同事时的行为规范以及危机管理，等等，这些都是需要让团队成员明确了解的。

对于新雇员，如果有"伙伴计划"，这些事情做起来就会轻松很多。在"伙伴计划"中，每个新人都有一个经验丰富的老手负责指点迷津。

对了，你还要明确工作环境中的恋爱准则。只有每个人都知道具体情况会导致什么结果，这才是公平的。如果没有明确禁止，你就不能拿他们在楼梯间亲热的事开玩笑——"以前上班的地方大家都这么做，没人抱怨。"

> 最好还是从一开始就把你的期望
> 明确告知他们。

RULE 33

法则 33
拥有明确的预期

我和一个喜怒无常的经理合作过。当她心态放松、心情好时，所有人不仅工作效率高，而且很快乐。她不介意偶尔开一些夸张的玩笑，提振一下士气。但是当她心情烦躁时，笑声稍微大一点都会被她骂个狗血喷头。

我说过，有时她也很放松，但她的团队成员却没法放松。没人知道她的心情怎么样，所以每个人无时无刻不处于紧张状态。一份写得很差但包含了全部事实的报告能让她开心吗？还是等到第二天把报告写漂亮再给她看更好？一个具体流程是用极简的文书好，还是加厚三倍，标注出所有重点好？这没法预测——一切都取决于她起床后的心情。

她的团队是如何回应的呢？如果你为这样的经理工作过，答案显而易见。他们意志消沉，而评判工作的标准非常不稳定。原因很简单，因为经理的标准在不断变动。

听着，如果团队不清楚你的标准，他们能有什么渴望？他们指望你成为领头的人，如果你不站出来，他们自然不知道前进的方向，也不知道该如何前进。无论是制定的标准还是预期的表现，你都需要保持稳定、统一。如果某件事在周一早上10 点是不可被接受的，那么在周五下午 4 点也同样不可被接受。如果文件有特定的填写方式，那么每天都该用同样的形式填写文件。

在有一个基本标准但原因不一致的情况下，突然期望他人做到更多，这听上去不合理，事实上也不合理。这么做是无法确保团队能以最高标准来完成工作的。当其他人前一周必须做出完美的报告、今天却允许另一个人糟糕的工作蒙混过关时，这如何谈得上公平？维持团队士气、确保团队能够持久地拿出优秀表现的唯一方法，就是要明确一致的标准不动摇。

即便下周再问我，我的态度也不会变。

> 如果某件事在周一早上 10 点是不可被接受的，那么在周五下午 4 点也同样不可被接受。

RULE 34

法则 34
利用积极的强化激励

如果员工某些工作做得好，那就告诉他们。再告诉他们，反复提及；写进书面文件；给他们发一份备忘录或者其他可以保留的证明；把他们的工作写进公司简报；在他们的文件里留一个便签。不管怎么样，要广泛传播工作做得好的消息。这是表扬、激励团队、让所有人知道你在监督、赞扬和激励团队的快速而低成本的方法（考虑到有限的预算，低成本是个重要的考虑因素）。

表扬时要言简意赅。如果为了重要的订单加班到很晚，对他们说："谢谢你加班到那么晚，没有你我们不可能拿下这份订单。面对艰难局面你的积极让每个人的工作都变得轻松起来（特别是我）。谢谢。"[1] 这么说显然比后一种说法简单得多，"7日晚上，你同意多值一轮班，这很符合公司一直以来倡导的价值观。对此，我们愿意表达感激……"

让他们了解感谢他们的原因——"你让我的工作变得更轻松"，而不是只感谢他们做的事——"你加了班"。

要具体化。使用"我"和"我们"，不要用"管理层"。要

---

[1] 再说一遍"谢谢"就是在强化。

用平淡、正常的语气说出"谢谢"。"我想感谢你"比"管理层想表达谢意"听起来顺耳多了。说真的，谁会那样说话？

工作完成后立刻表扬，不要拖到一周后，最晚第二天就得进行。每当有人超出预期完成工作时，你都不能吝啬赞美之词。如果他们每周都需要加班，那不过是他们正常的工作模式；但我们在这里说的是不同寻常的情况，是他们付出更多努力、超越常规时的情形。

如果用这种方式强化积极的行为，我敢保证，这种积极的行为会再次出现。注意不到这些细节，不去评价、表扬，你的团队在工作中就很有可能不再付出全力。到了那时，你能怪谁呢？

> 表扬时要言简意赅。

法则 35
不要试图为愚蠢的体系辩护

　　有一天坐火车旅行时（是的，还有人坐火车），我们遇到了一个问题。事情其实很简单。有人玩餐车的安全门，结果触发了警报。火车自然停了下来，车停在了很长的一条隧道里。警报解除前，火车不能开动。解除警报首先需要找到列车长（过去他们的称呼是"警卫"，还记得吗），由他关掉被触发的警报。这听上去很简单。

　　那天我要去开会，而且已经迟到了。所以我问列车员，有没有更好的解决办法，比如让餐车工作人员重设警报器。列车长花了 20 分钟，试图向我解释这套体系是为了保护所有人，包括他、餐车工作人员和火车公司的最大利益。所有人，但不包括我这个可怜的旅客。如果他只是说："没错，这套体系确实没用，我会建议公司修改。谢谢你的关心。"显然能让我更好受一些。

　　我相信你的公司里也有数不清的没用体系——这是普遍现象。最好不要为其辩护。如果不能改变，那就忍受现状，但不要试图制造假象欺骗员工，让他们觉得一切都很美好。现实肯定不理想，如果他们明知不好，你却做出一副天下太平的样子甚至是试图说服他们，最终的结果只会是你失去他们的尊重和信任。

我不是让你四处宣扬公司的不好——显然不是，那只会导致灾难性的后果。记住，如果不能说好话，最好什么话都不说。别试图为自己明知愚蠢的东西辩护，尤其不要对团队成员说这些毫无意义的话。

> 不要试图制造假象欺骗员工，让他们觉得一切都很美好。

RULE 36

法则 36
做好说"是"的准备

优秀的管理者（就是你）向来都会紧跟潮流的最新发展，不会局限于陈旧的工作方法。他们不会持有"不，我们不这样做"的态度，相反他们会说："这个想法很有意思，你觉得该怎么做？"

除了有上述态度外，你还要鼓励他人发散思维、思考出全新的观点，当然你也要不断拿出新的创意，经常尝试新方法。可以是简单的变动，比如，"我们希望早茶饼干的选择更多，谢谢！"也可以是更激进的建议，比如，"注意了各位，我们要尝试一种全新的销售和配送方法。"

初期尝试小变动、保证团队能够良好地应对改变，随后再进行更大的变动，这自然是合理的做法。循序渐进，逐步瓦解。

尽快介绍自己的创意固然重要，但也不要忘了鼓励团队成员在各自工作中发挥创新精神，以免他们的工作方法越来越过时。如果每个人每周都能提出新的想法，那么到了年末，无论个人和团队，都能收获数不清的好创意。"如果能……我觉得我可以简化这个流程。""哇哦，我可以把这个创意用在我的工作上，我就能……""我敢打赌他们对此有兴趣，因为这能加速整个……"以此类推。

在这个问题上最大的挑战是什么？督促团队成员"越位"——所有人最初都是抗拒改变的。如果你亮出了黄牌，全队就会停滞不前。

你有创新的激情，整个团队就会受你感染，自然会爱上创新。相信我，在这件事上信我没错。我知道你的工作负担很重，但我们以后会说到如何把工作分派给别人，这能为你省出一些时间。你就有更多的时间做这里的工作，从某种角度说，这才是你的真正工作，也就是管理。

鼓励创新，奖励优秀创意。营造一种创意能够得到认可和尊重（即便不被采纳）的企业文化。

> 如果每个人每周都能提出新的想法，那么到了年末，无论个人和团队，都能收获数不清的好创意。

法则 37

训练他们，让他们提供解决方案，而不是提出问题

因为成本太低，我认为抱怨已经成为一种习惯。你必须训练自己的员工，让他们不要只会抱怨。抱怨没问题，但你要明确告诉他们，提出问题时最好附带一个解决问题的建议。如果有人觉得哪里有问题，那么接下来你最好是问："你希望我做点什么？"如果听到抱怨，也最好是问他们，"你认为我们该怎么做？"

我遇到过的一个优秀的经理甚至更进一步，他要求我们先提供解决方案，再由他猜测我们可能提出什么问题。这似乎变成了一种游戏，有趣的同时也开始让我们思考——使得我们在抱怨时也会横向思考。我曾经不满意安保人员的工作，我认为他们在没有看过监控录像的前提下直接删除了所有记录，这自然是不对的。这是我的问题，因为如果出了事，承担责任的就是我。我需要他们认真看录像，但我想不出解决方案——可我也不能对着老板发牢骚，抱怨安保人员没能完成工作。我必须先想出一个方案。

我意识到，我不需要找老板抱怨。我完全可以靠自己解决这个问题。我得让负责安保的人认为监控录像值得一看。我告诉他们，有员工汇报，说有人在厂区内亲热，被监控摄像头拍

了下来，但不知道具体是哪个摄像头。停车场、办公室、通道和地下室的仓库都有摄像头。结果如何？负责安保的人仿佛命悬一线那样查看监控。我的老板很满意，因为我把工作结果告诉了他。而且他之前注意到我没做这项工作，他原本要专门找我谈这个问题。而我想出了问题的解决方案，没有跑到老板面前发牢骚说："负责安保的人不认真干活……"

诚然，如果安保人员意识到自己不会看到什么小黄片，我只能再想新办法。不过那个方法效果很好，而且他们反复查看，以防万一……

> 如果听到抱怨，问他们，"你认为我们
> 该怎么做？"

第二篇

管理好你自己

　　前面说到的，都是管理团队的基本法则。当然，绝大多数管理者都要负责管理团队，可每一个管理者也需要管理自己，接下来的一系列法则就是为了教你如何管理好自己。这些法则在帮助你取得更丰硕的工作成果的同时，会提高你的工作效率。现实中，不要说自我提高，光是捱过每个工作日就够难的了——相信我，我懂。

　　管理是一份很有难度的工作，必须同时做好两件事：除了做好自己的工作，你还得照顾整个团队。级别越高，我们所做的与原始工作相差得就越远。一般情况下，没人特意花时间培训我们，告诉我们新工作，也就是"管理"到底该怎么做。我们都遇到过一些奇怪的事情——有些可以说是非常诡异。比方说我，用乐高积木搭过桥，拼过上下颠倒的拼图，体验过"独木舟周末"，这些都是在"管理培训"的名义下进行的，但我们都没有得到过如何做管理者的专门培训。可以说，"管理"是一边做一边学。不可否认世界上存在天生优秀的管理人才，但大多数人只能是踉跄前行，吸取各种各样的经验教训，这是一个随机性很强的过程。

　　我们学到的很多东西其实都很简单直白，而我会告诉你们一些不成文的法则，这些知识是划过多少叶独木舟也学不到的。

RULE 38

法则 38

努力工作

管理的最基本法则，恐怕就是把基本工作做完、做好，工作时要态度非常端正、非常认真。连基本工作都出错的话，人际关系搞得再好，你也干不好管理者这个活。你可能需要比任何人都早到办公室，可能你以前从未那么早就开始工作过，但你必须这么做。

完成本职工作后，你就可以集中精力管理团队了。你必须高效、及时地完成文书工作。你不需要接受有关时间管理的漫长培训，不过以下是几个需要关注的要点：

- 有条理；

- 专注；

- 始终保持高效；

- 集中精力。

恐怕你别无选择，只能拿出十足的干劲，努力工作。"管理"，不是四处闲逛，发号施令，摆出一副很酷的样子。管理其实是要走进幕后——在没人看到的地方搞定工作。

想知道自己是不是一位好经理？看看办公桌。快去，现在就去。你看到了什么？干净整洁、井然有序？到处都是纸和没有归类的物品？再看看你的手提箱、文件夹和电脑，井然有序还是杂乱无章？

你必须竭尽所能，高质量地按时完成工作。制定清单，在电脑上使用日历提醒功能，分配工作给其他人，寻求帮助，加班，早起、再早起。不过你也得注意后面的"法则74：回家"——你得有自己的生活。但是记住，搞定你的工作，持续保持高效。

> 你别无选择，只能拿出十足的干劲，
> 努力工作。

法则 39
确立标准

假如你迟到早退，与客户争吵，目中无人，工作完成得极差，你的团队大概和身处地狱没什么区别。假如和前面正好相反（我猜这更符合现实），你不仅按时上班甚至还会早到，以体面、诚恳而闻名，充分发挥自己的能力，你的团队自然也会走上人生巅峰。

每个人都需要楷模，需要一个他们尊重并想要去模仿的人。兄弟，这个人碰巧就是你。任务艰巨啊，我知道。如果你觉得英雄在现代社会是过时而多余的人，我劝你再多想想。团队里的每个成员和你之间都存在特殊的关系。你是他们的领导，是启发他们获得灵感的人，是他们的老板（听到这个说法你大概会打个冷战，不过这是事实），是他们的导师、向导、老师、英雄、榜样、捍卫者和守护神。想扮演这些角色，你必须以身作则。该做的事，你必须做到。你需要确立标准，必须成为一个楷模。

往最差了说：如果你都不在乎，他们凭什么在乎？不论做什么，你都要以身作则。说话前多思考，思考自己该做出什么反应。"照我说的做，不要跟我学着做"，这种心态是无用的。想让他们成为什么样的人，你就要成为什么样的人。

你还需要更进一步，提升他们的兴趣。你需要给员工一些可追求的目标，给他们一个好榜样。这个榜样，就是你。

在理想状态下，你需要独特的风格、才能及原创性，让自己脱颖而出——也就是让自己像劳伦·白考尔和加里·格兰特，我不建议大家学习密特·劳弗和早期的麦当娜。[1]

你必须看上去像个经理，做着经理一样的工作——所谓体验派表演方法：感知经理的生活，像经理一样思维，做一个经理。

> 你是他们的领导，是启发他们获得
> 灵感的人。

---

[1] 无意冒犯，两个人都出过很好的专辑，都是出色的摇滚明星，可他们算不上管理者的榜样。

RULE 40

法则 40
享受自己的工作

诚恳地说，如果不享受自己的工作，你还是辞职为好，给其他能够从工作中得到乐趣的人腾出位置。法则 41 也许能帮助你更好地理解这个问题，现在我们的目标，是让你爱上工作。

享受工作，就是从出色完成的工作中得到乐趣，内心里微笑，找到可以笑出来的事情，不要太严肃（这不等于不去以最高标准完成自己的工作）。

享受工作，指的是从更宏大的背景下看待自己的工作和角色。你既可以努力工作，也可以享受生活——两者并不矛盾。成为一个多产、高效、勤奋、冷静、可靠和富有责任感的经理的同时，你仍然可以做一个快乐的人。这一切都取决于你。没人说你只能态度阴沉，时刻保持紧绷状态。老板聘用你，只是让你干好工作而已。

如果你知道何时该严肃，何时可以放松、展现幽默本色，你就会发现适当的放松精神能够产生神奇的效果。

如果在一个严肃、紧张属于常态的地方工作，让我告诉你一个小秘密：没人知道你在想什么，没有人关心这个。只要外在的结果符合他们的要求，内心怎么想，那是你自己的事。

没人说你只能态度阴沉，时刻保持紧绷状态。老板聘用你，只是让你干好工作而已。

法则 41
不要被工作影响

如果工作变得不堪重负，记住，那只是一份工作。当然，我们关心这份工作，愿意拼尽全力尽量做好；我们担心，即便在非工作时间里仍然心系工作；我们当然想把工作做得更好，不断自我提高，实现更高的工作效率。

尽管你已经竭尽全力做到了一切，但工作毕竟只是工作。

看看周围，你会发现有自以为是宇宙中心、全人类福祉系于他一身的人，事实当然是他想得太多。不管怎么说，尽可能地享受工作。认真对待，竭尽所能。但是记住，那只是一份工作。你可以换工作，也可能被人替换，地球依旧转动，太阳照常升起。

如果工作的压力大到了你不喜欢的程度，想想人生中其他更重要的事情。你的孩子、宠物，还有母亲，想想周末的滑翔伞之旅。我不知道你休息时会做什么，不过你需要找到一些对自己来说重要的事情，通过做这些事情帮自己度过工作上的困难时光。利用这个方法把眼光放得更长远，知道世界上有比工作更重要的事情存在。

你甚至可以通过幻想这些重要的事情，支撑自己度过工作时间——但你要向自己保证，不在需要集中精神工作的时候做这种事。但吃饭休息时，走去另一栋大楼的路上，甚至上厕所时，你都可以停下高速运转的大脑，提醒自己人生中还有更重要的事等着自己去做。

你也需要思考，为什么工作让自己这么疲劳，想出改善现状的计划。你需要缩短工作时间？缓和团队成员间不断恶化的关系？拿下某个合同？还是完成下一份预算？

确定了问题后，就想办法解决，重新享受工作的乐趣。

不被工作影响，不等于不在意、不以工作为荣或无法享受乐趣。不被工作影响意味着就事论事，不会把工作带回家里。不要被工作吞噬，不要让自己产生不健康的压力和过度的疲劳。

> 不被工作影响，不等于不在意、不以工作
> 为荣或无法享受乐趣。

RULE 42

法则 42

知道自己该做什么

　　你究竟应该做什么？你可能觉得自己知道，可事实呢？大概是当你的老板说"我希望这个尽快做完"时，你才知道该做什么。听起来很简单，对不对？不，恰恰相反。尽快按照谁的想法做完呢？你的还是老板的？"希望"这个说法，是愿望还是要求？对"做完"的解读方式就更多了。

　　上面的话确实显得吹毛求疵、过于较真，但我只是想说清楚这个问题。你知道自己有一个团队需要管理；知道有需要满足的预算、数据和目标；知道自己有一个长远的战略，也想实施这个战略；你也知道自己签了合同，合同上写着工作内容与要求。

　　可你到底该做什么？最先要解决的是什么问题？需要拿出什么样的最终结果？你的目标是什么？最近有变化吗（高层管理人员改变主意后，希望你能心灵感应般地预知）？

　　详细与清晰地了解了这些信息、知道自己该做什么后，我就能更有效地工作。你也需要知道自己到底应该做什么。

> 最先要解决的是什么问题？需要拿出什么
> 样的最终结果？你的目标是什么？

RULE 43

法则 43
知道自己实际上在做什么

你正在做的是什么？这是一条重要的法则，却总是被人忽视。继续回答问题，你正在做什么？

想回答这个问题，你需要确定长期和短期的计划。没有计划，等于缺少地图导航。没有地图，怎么可能找到宝藏。在《加勒比海盗：黑珍珠号的诅咒》（*Pirates of the Caribbean*）里，当只带两个人就驾船的能力遭到质疑时，约翰尼 · 德普饰演的杰克船长只需要说出一句台词："智慧？"如果了解自身能力、知道前进的方向，你就是个实打实的海盗。

你是否在为未来的升职打下良好的基础？决定做什么前，你是否在原地踏步？数着距离退休还有多少年头？收集信息、以便跳槽到竞争对手那里可以用来赚钱？希望被猎头看上？了解有关行业的更多信息、便于更换工作？享受工作和生活，过得很开心？受管理层指使、裁员三分之一？[1] 拼了老命，希望得到更高管理层的注意？很努力，但只是为了做好工作、始终保持领先？构建社交关系网、过得更开心？剽窃创意、抢夺

---

[1] 我认识一个大型机械公司的总经理，刚从美国调来，他就不幸地被派去做这种工作。第一次开大会时他听到的是满场嘘声，他没有动摇，只是说："我不是敌人。敌人是业绩下滑。我不是敌人，所以不要针对我。"效果很好。

资源和员工，在同一行业建立自己的竞争企业（我见过这种事，而且很成功——他们清楚地知道自己在做什么）？

这里的答案没有对错之分。不过"我没有任何头绪"算是一个错误的回答。你必须知道自己正在做的是什么，而不是"本该做什么"，也不是"想要做什么"，更不是公司"认为你在做什么"。你必须知道自己实际上在做什么。掌握这个信息，相当于掌握了秘密，你就能创造奇迹。也许别人都知道；也许他们一无所知。但是你知道，这才是唯一重要的。

快速思考，告诉我身边的每个人正在做什么。这个练习很有效果。

> 没有计划，等于缺少地图导航。
> 没有地图，怎么可能找到宝藏。

RULE 44

法则 44
珍视自己的时间

　　我曾经以初级经理的身份参加过一个会议，人们在会上没完没了地讨论要不要买一套某些人认为过于昂贵的设备。我必须对这个议题发表意见（每个人都要发言，只不过有些人重复了很多遍），为了消磨时间，我找了张纸快速算了一遍在座所有人的时薪之和。每个人的薪水我心里基本都有数，所以算出来的结果应该很接近实际情况。有意思的是，用来讨论这个问题的半小时里，公司付出的人工成本是这个设备价格的近两倍。

　　作为一个熟悉各种法则的管理者，你需要了解自己的时间价值，并时刻提醒自己注意。计算方法很简单：年薪除以 52 周，用得到的周薪除以每周具体的工作时间。时刻提醒自己是否合理利用了时间，这么做很难，养成习惯的话就是另一回事了。

　　记住，对很多企业来说，人工成本是最大的一笔开支。即便不是最多，工资在运营成本中也是大头。至少在涉及自己时，你需要控制相关成本。无论做什么，你都需要保证要做的事值得自己投入时间。否则，你就该毫不留情地放弃那些事情。

　　你知道那些浪费你时间的人吗？他们也在浪费你的老板的金钱，做其他事情能让老板在你身上投入的人工成本得到更好地使用。所以坚定地拒绝浪费你时间的人是你的责任（当然，礼貌还是要有的）。

如果发现自己犯了拖延症、开始浪费时间、闲逛、做毫无意义的事情、和同事聊天及低效率工作时，你也要对自己狠下心来。公司信任你能最高效地利用他们的投资，不要让他们失望。

如果同一时间有很多事情要做时，这条法则也相当有用。你是应该参加会议还是完成报告？哪个能让投资得到更多回报？答案一目了然。

> 公司信任你能最高效地利用他们的投资，
> 不要让他们失望。

RULE 45

法则 45
要主动出击，不要被动应对

　　我知道，做好基本工作、搞定所有文书、照顾好花花草草已经很费时间了，没人再愿意思考未来怎样，也没多少人满脑子想的都是创新。我懂。可是真正聪明的经理（没错，就是你）每周都愿意至少抽出 30 分钟时间，提前做出规划。试着问自己一些简单的问题："怎么才能创造更多的销售额？""哪些事情做起来更方便？""怎么才能减少员工的失误率？""如何才能把线索转变为实际的销售额？""怎么才能转到其他部门？""怎么才能让我的团队更努力、更高效、更聪明地工作？""怎么才能让他们更自由地发挥创造力？""如何才能主持一个不会浪费太多时间的会议？"

　　有一句老话说的是："如果总是做已经做过的事，那么你只会得到已经得到的结果。"这话说得太对了。如果不能主动出击，你就会停滞不前。如果停下不动，鳄鱼就会追上来咬住你。你需要不停地划桨，在水中持续前行。鲨鱼的一生都在游动，它们需要水不断地从鳃里流过，它们不会停下来。你要像鲨鱼一样，不断向前。你不前进，自然有无数愿意前进的人超越你。

　　相信我，我懂得这种感觉。点开邮箱，你会发现里面有无数等待回复的邮件。接下来要处理信件，然后解决员工之间的纠纷。接着到了吃午饭的时间。下午还有下午要做的工作，接下来要担心是否准备好了所有要发的邮件。然后是下午茶时间，喝完茶终于可以收拾回家了。居然有白痴要我从一天满满当当的行程安排里抽出 30 分钟时间来思考未来。做梦吧。

你在这 30 分钟里还可以完成其他任务。每周我都会抽出一天，一个人吃午饭，用那个时间考虑未来，主动思考如何才能在竞争中处于领先位置。但我必须独自一人吃午饭，否则别人就会打断我的思考。

> 你要像鲨鱼一样，不断向前。

RULE 46

法则 46

保持一致

假如每天都穿职业正装上班，突然有一天，在毫无预警的情况下，你穿着牛仔裤和破旧的 T 恤出现在办公室，想必所有人都会带着怀疑的神情斜眼看着你。[1]

假如你的工作质量一直很高，突然有一天交出了一堆垃圾，人们肯定觉得你搞砸了。

假如你一直客气地对待所有人，突然有一天爆发了，冲所有人都大喊大叫。从那之后，他们再也不会信任你了。

假如你向来早到，但有一天突然满身酒味、直到中午才晃晃悠悠地走进办公室，所有人不仅不会再认真对待你，还会认为你是个酒鬼。

对于你的表现，其他人需要有一个明确的期待。你必须保持前后一致。对所有员工来说，你都需要一视同仁。保持稳定的工作质量。你要避免成为八卦流言的主角。你要成为一个无可指责、诚实、可靠、值得信赖的人。

你并不需要整天阴沉着脸，变成一个枯燥乏味的人。你当然可以做一个能让人兴奋、有活力、时尚、有冒险精神、创新

---

[1] 尝试一下，你会觉得很有趣。如果不知道斜眼是什么样子，请百度。

精神、敢于迎接挑战的人——只不过无论做出什么决定，你都要坚持立场，始终保持一致的态度。

> 假如你的工作质量一直很高，突然有一天交出了一堆垃圾，人们肯定觉得你搞砸了。

法则 47
为自己设定切实可行的标准

这里讨论的不是预算，也不是机构目标。我们说的是个人目标及个人底线。你必须确定这些标准，否则就无法确定自己是否取得了成功。顺便说一句，拿自己和别人比较毫无意义。我一直希望自己能成为体育健将，但我跑不快，所以总是输得很惨。这导致我产生了自己是个废物的想法，但我后来发现，体育好不好，基因很重要，而我恰巧没有运动基因。我失败了吗？并没有，我只是运动基因不够强大而已，没必要因此自责。我有其他擅长的事情，所以我用以下标准衡量自己是否取得了成功：

- 去年做得怎么样；
- 五年前做得怎么样；
- 是否达到了个人目标；
- 相对长期计划，我做得怎么样。

这里不涉及其他任何人，因为拿自己和别人对比是一种零和游戏。

我曾经有一辆摩托车，车非常好，我特别喜欢。有一次等红灯时，我碰到了另一个骑摩托车的人，我看了眼他的车。"我想要那辆车。"隐藏在头盔后面的我内心不住地狂喊。他看着我的车，显然和我有着同样的想法。绿灯亮起后，我俩同时起步，这时我才意识到，我俩的摩托车其实一模一样。唉，多变的人心啊，就是这样让我从高潮走到低谷，就是这样玩弄了我的情绪。从任何人身上我们都能找到让自己羡慕嫉妒恨的地方，但他们心里怎么想的，没人知道。有人说，穿别人的鞋走上一英里，你走出的距离也还是一英里；可你有了他们的鞋，撒腿跑吧。

为自己确立目标，但要确立切实可行的目标。"我要成为世界之王"，听起来很厉害，实际上根本不可能。

设立具有挑战性，但仍然可以实现的目标；具有可行性，但实现起来比较困难——太简单或太难都没意义。

> 唉，多变的人心啊，就是这样让我从高潮走到低谷，就是这样玩弄了我的情绪。

RULE 48

法则 48

有计划，但要保守秘密

没人知道你的脑子里在想什么；没人知道你有多么远大的梦想；也没人知道你真正的目标是什么，谨记法则 43 知道自己到底在做什么。所以你可以一边做好工作，一边完善计划。你的计划中应当包括长期目标和短期目标——想处于什么位置，想达到什么状态。如此一来，成功与否就有了明确的衡量标准。

为什么要保守秘密？因为你所在的机构、团队和老板不一定跟你拥有相同的计划。这是你的个人计划，为了保护自己的梦想、希望与期待，你应当保守秘密——刚点燃的火苗被人熄灭是什么感觉？很多管理层关注的只是表面功夫——他们表现得很专业，希望激发员工的自信，帮助员工实现梦想。一旦听到有可能打破完美经理人形象的计划，他们自然不会坐视不管。你可能想着独立创业，但是不要把计划告诉其他人。他们可能以为你下一分钟就要辞职，而你事实上制订的是几年后的计划。如果你有一个迅速升职的计划，人们可能认为你不愿脚踏实地，他们可能以你很快就要离开现有岗位为由不再把长期工程交给你做。类似的例子还有很多。把秘密留给自己，保持专注、认真、可靠、勤奋和稳定的外在表现——即便内心深处你正在计划变革、攀登珠穆朗玛峰或者攻陷整个帝国。

你的计划中应当包括长期目标和短期目标。

RULE 49

法则 49

清除多余的法则

我知道你肯定在想："哈哈，他这是自作自受了。在一本讲法则的书里说清除多余的法则？"没错，的确是清除多余的法则，不过清理的对象显然不是本书中的法则，而是你自己的法则，是其他人制定的法则。让团队成员明白，你是他们的盟友，愿意为提高效率削减任何不必要的程序，而这意味着必须放弃某些老旧传统。

任何工作场所都存在大量前任管理机构遗留下来的繁文缛节、官僚主义和旧规定——你要彻底清理这些遗留问题。对自己和团队的所有行为都提出质疑，清除一切多余、不必要和残留的障碍，帮助自己和团队更高效、更灵活地完成工作。非要对比的话，这个过程有点像大扫除，或者请风水师看风水。

陷入一套常规，每天例行公事一般行事，不再用清晰或崭新的视角看待事物，我们很容易陷入这种死循环。开始每天的工作时，你需要像外聘顾问那样看待问题。提出类似"我们为什么要做这个？为什么要这么做？"这样的问题。我敢打赌，你会发现很多不必要、可以清除的东西。

我曾经工作过的一家公司，每一封发出去的邮件都需要由一名高级秘书"筛查"。她就像"恶龙"一样，如果和她有矛盾，你的信肯定就会被压在最下面，永远不会被发出去。为什么所有信件都必须由她检查一遍？我也不知道，但我不得不付出大量的精力，才能摆脱那种狄更斯式的荒诞。

简化流程，节省时间。让你的员工更快乐，让自己变得更值得信任。这并不难。

> 我们为什么要做这个？为什么要这么做？

法则 50
RULE 50

从错误中学习

　　谁都会犯错，不犯错，我们就不可能成为拥有创新精神和无穷创造力的管理者。只不过有些管理者会极力掩饰自己的错误。他们掩盖、深埋、最终忘却曾经的错误。

　　作为出色的管理者，你当然不会这么做。你不会终日自责不已，不会跌入痛苦的深渊；你会分析自己做错的地方，和同事讨论出错的原因，制订计划以防日后再度出错。

　　错误的形式多种多样，可能是无法接受对自己工作表现的评估，可能是丢掉了一笔订单，或者没能写好一份书面报告，也可能是没能合理利用时间和资源，或者没能在截止日期前完成工作。若是列清单，我相信你能一直写下去。

　　一旦犯错，除了前面所说的不要掩盖错误外，找到未来不再犯错的方法也很重要。

　　担任管理者实际上是一个持续学习的过程。你不能停滞不前，不要以为自己无所不知——绝不能拥有这种错误的心态。你可以咨询信任的人，读一些有用、能起到指导作用的书，特别是那些篇幅短小、简洁、观点尖锐且具有实践性的书。[1]

---

　　[1] 比方说，罗斯·杰写的《快速思考经理手册》（*Fast Thinking Manager's Manual*）。

犯错是好事，因为我们不仅知道哪里出了错，也能从中了解到修正错误的方法。犯过一些错误后，你会变成一个更优秀、更有经验、见识更广的管理者。我们都会犯错——承认自己犯了错，从中学习，然后昂首向前。

担任管理者实际上是一个持续学习的过程。

RULE 51

法则 51
做好抛弃过去想法的准备——哪些有效、哪些发生了改变

我相信你知道这种情况：你突然遭遇数据不达标、销售业绩下滑、员工流动率升高的情况，而且局面每况愈下；可你做的，和过去并无差别。你原本有一套"胜利法宝"，可这些方法突然不管用了。你该怎么做？首先，你需要知道什么是有效的，哪些问题发生了改变。局势以极快的速度发生了变化，等你意识到的时候可能为时已晚。你需要发现这种问题的存在，时刻做好迅速适应新状况的准备。你需要：

• 紧跟行业的最新创新动态；

• 了解新技术；

• 了解新专业术语；

• 了解销售、市场趋势、员工流动率数据、目标及预算的变化。

不要拘泥于过去。必要时，可以抛个硬币试试运气。优秀的管理在于迅速并有技巧地应变。如果做不到这一点，你就走上了恐龙灭绝的老路。

这条法则具有普适性——比如管理员工的风格。你可能有一套已经有效了很多年的管理方式，可突然间就失效了。你可以固执己见，坚持采用老方法，但你有可能因此快速流失员工。还是做好放弃过去的做法、接受新方式的准备。你也可能在自己没有察觉、没有意识到的情况下做出了改变。如果陷入特定行为方式，有时我们会在意识不到出现变化的情况下改变现状。对于周围环境中的变化，我们需要保持警惕。

优秀的管理在于迅速并有技巧地应变。

法则 52

RULE 52

别废话，办正事要紧

　　我曾经有一个上司，特别喜欢向我们提出"你为谁工作"这个问题。如果回答是"我们自己"，他就会摇头；如果说是"他"，他也会摇头；如果说是"主管"，他还是摇头。对于大部分答案，他总是摇头，按他的说法，唯一正确的答案，是"股东"。他说，我们工作的唯一原因，就是为了追求利润，其他说什么都是胡扯。我们确实是为股东而工作，不论他们是谁。如果你是独立创业，那就是为自己工作。如果是家族企业、没有公开上市，你可能是为主管工作。如果是上市公司，你可能是在为数百万买入了股票的小投资者工作。

　　所以说，别说废话。不管别人怎么说，人在职场只有一个原因，那就是利润。如果达到了要求的数据，很好。没达到，那就收拾桌子走人。道理就是这么简单。好了，现在你有了一个明确的标杆，可以去衡量自己所做的一切。提出一个问题，"这件事有利于我正在赚取的利润吗？"如果有利，那就继续；如果没有，赶紧放弃。

　　归根结底，利润就是一切。没钱就没生意；没生意就没工作；没工作，就还不了房贷，买不起车，没钱旅游，甚至没钱吃饭。

　　我敢打赌，如果坐下来认真思考自己做过的一切，你就会发现其中很多都是没用的。要分清主次，有选择地做事情。别说废话，别做没用的事，集中精力做一件事，就做这一件事——也就是挣钱这个底线。这就是你这位优秀经理与普通经理的区别——有明确关注的焦点，有远见，也愿意投入精力。

> 　　没钱就没生意；没生意就没工作。

RULE 53

法则 53
知道什么时候该踢门

作为管理者，"敞开大门"总体上来说是一项好政策，可有些时候，你必须知道是否该关上大门，以便：

- 完成一些工作；
- 私下开会；
- 让团队成员明白你不想被打扰；
- 让团队成员明白，你才是老大，而不是他们中的一员。

显然，像你这样的优秀经理是"敞开大门"政策的拥趸，你用这个方式告诉员工，你会在他们需要时提供帮助。但有些时候，无论是制度还是心理，你都需要设立屏障。你看，成为优秀经理的真正秘诀在于，无论平时和手下的关系有多亲密，但是在关键时候，你总能确立自己的绝对主导地位。

民主决议不是坏事；开会讨论或者成立委员会也没有问题；参与讨论可以给予奖励。可是真到了需要下狠心的时候，你还是必须做好准备，愿意迅速做出艰难的决断，摆出老板的姿态。偶尔关上大门能够强化这种印象。你不必做一个残忍、严厉或者独裁者式的老板，但你必须有老板的样子。

如果你属于态度不那么坚定、"不独断专横"的管理者，我建议你练习"狠狠踢上大门"这种做法。这是一种非常有象征意义的行为，证明你对周围环境具有控制力。尝试几次，你的团队就会明白怎么回事了。习惯之后，你就能决定谁会坐在办公室里和你谈话，以及谈话要用多长时间。让员工认真对待你，而你时不时地可以表明自己的权威，这至关重要。踢上大门，你是在发出"我是经理"的信号——相信我，这是好事。此外，你还可以在不受干扰的情况下完成一些工作。只不过别过于频繁——没什么比老板难以接触更让人沮丧的事情了。

> 有些时候，无论是制度还是心理，
> 你都需要设立屏障。

法则 54
把时间用在有成果、有利润的事情上

一旦学会关门，你就会发现自己一人正坐在空空荡荡的办公室里。不过像你这么优秀、这么高效的管理者，自然不会放松，不会浪费时间。你会埋头苦干，搞定所有工作。你也能迅速、高效、富有成效地完成工作。然后再研究一下长期目标、计划以及商业教育安排（不要闲坐着，哪怕是学点儿什么）。

没人拿着鞭子在你身后督促，这种时候的努力工作，很像是给自己工作。你必须有动力、专注于此，且聚精会神。你需要练习。谁都愿意游手好闲，不认真干活，偶尔这么做也是可以接受的。我们都需要时间思考，需要休息。重要的是掌握限度。

别把"时光强盗"放进门，让它偷走你的全部时间。为自己设定一些最后期限。列出短小的清单，每做完一件事划掉一个标记时，你就能产生满足感。呼吸新鲜空气，否则下午就会昏昏欲睡。晚上早睡，否则白天上班也会精神萎靡。

注意那些可能会浪费你时间的人，告诉他们你有非常重要且时间紧迫的事情要做，让他们晚点再来找你。多做几次这样的练习。

留心电子邮件，它们也是浪费时间的利器。"我的邮箱没有未读邮件，所有工作都做完了。"可事实上，"工作"不可能只是写邮件或者回复邮件，你必须挽起袖子，做一些实质性工作，比如，打电话，寻找客户，创造销售额，检查工作，填写报告。现在就去做吧。要做能看到工作成功、能带来利润的事。剩余不那么重要的事，都可以放在一边。

不要闲坐着，哪怕是学点儿什么。

RULE 55

法则 55
拥有 B 计划和 C 计划

你必须为可能发生的灾难制订计划。无论做什么，你都要留出"假如发生某种情况"的余地。没有提前计划，面对突发情况你就手足无措。永远不要以为一切都会顺利进行——这不是事实；不要以为自己绝不会出问题——早晚你会出错；不要以为技术不会出错——不知道哪一天就会出毛病；不要以为时间充足——时间是不够用的；不要以为自己什么都记得——谁都有健忘的时候；不要以为 A 计划永远会成功——这绝不是客观真理；不要以为 B 计划永远会成功——总有一天你会发现连备用计划都会失灵。

我觉得你应该明白我的意思了。情况有变时（相信我，这种事情肯定会出现），你需要做好即兴发挥、调整并克服困难的心理准备。假设你要发表演讲，你已经做好了展示文件，幻灯片可以帮助你顺利完成演讲。然而，如果突然停电了你会怎么办？如果电脑或者软件突然出问题了怎么办？你必须提前想好停电或者电脑、软件出问题或者幻灯片顺序出错时的应对方案，因为突发事件是不可避免的。也许不是今天，可在未来某天，在你无意识、无防备、无准备的情况下，突发事件就会不期而至。

　　当然，真正优秀的经理人并不需要 B 计划或 C 计划，因为他们能够因地制宜地想出应对方案，随时做好应变和即兴发挥的准备。但我觉得更明智的做法，是不断向自己提出这样的问题："如果行不通的话，我该如何应对？"至少对我来说，这是个每次都有效果的好方法。

　　不要以为时间充足——时间是不够用的。

法则 56

RULE 56

充分把握机会——成为幸运的人，别承认就是了

倘若时刻保持警醒，不断探寻，你会发现不少机会，有时甚至还能撞上天上掉馅饼的好运气。如果反应迅速、足够聪明且富有进取心，你就能抓住那些转瞬即逝的机会。这就是运气。出现机会要及时把握，毕竟，机会总是稍纵即逝。你不能把机会加入商业计划、预算或者报告中，但你的身边随时都能出现各种机会。事实上，越是珍惜、维护、寻找机会，机会出现的可能性就越大。我们必须相信世界上存在运气，否则，我们拿什么去解释讨厌的人取得的成功呢？

在职场中不能只靠运气，这是行不通的。我只是说，每个人时不时地总能撞上好运，遇到这种情况时，你需要把握住机会——别大肆张扬，守住秘密。你没必要总是说出真相，当然，故作谦虚也会让人心生厌恶。如果运气好，你该说："我真幸运。"不过说出这话时，你得让别人听出其中也的确投入了数月的详细策划、多年的调研以及几十年的个人经验。因为说实话，这才是真相。

世界上不存在纯粹的运气，有一些看似随机出现的机会，实际上都是因为你付出了努力、因为你有经验、经过调研和策划，才有出现的可能。如果抓不住，机会便迅速消失，你也不

会得到收益。你需要学会识别并利用机会，"搭顺风车"。这一切都取决于你。如果连工作都做不好，运气就不会青睐于你。如果不是优秀的经理，你就不能敏锐地察觉并把握机会。

美国第三任总统托马斯·杰斐逊（Thomas Jefferson）说过："我非常相信运气，我发现越是努力，运气越好。"

> 如果连工作都做不好，运气就不会
> 青睐于你。

RULE 57

法则 57
知道自己何时面临巨大压力

　　优秀的管理者总能避免自己陷入高压状态。原因何在？过大的压力会带来负面效应，无法带来收益。过去我们经常看到精神高度紧张的管理人员大把吃药、血压急升却仍能搞定交易，但这个状态真的太过时了。现代管理人员应当展现出放松、从容、有个人魅力、深沉、体贴、掌控全局的形象。你不需要高压，真的不需要。没错，你需要兴奋、挑战、激情、愉悦和刺激，但你绝不需要过大的压力。

　　过大的压力，就是兴奋和乐趣发展到了错误的方向。与其热爱工作，你开始对工作产生恐惧感。你不再兴奋，而是害怕。曾经的挑战如今成了对抗和冲突。

　　压力过大有什么表现？说"表现"不准确，应该是你会经历什么？这要因人而异。当我大喊大叫的次数变多、理性讨论的时候减少、要求更多、缺乏礼貌、频繁催促、不那么放松时，我就知道自己正处于压力过大的状态。但这只是我的情况。你可能是抽更多的烟、喝更多的酒，或者睡不着觉、吃不下饭（要么吃得太多、太快，或者吃过多的垃圾食品），可能表现为神经衰弱（睡得太多）、恐惧症发作、肌肉抽搐或痉挛，也可能产生不合理的恐惧，做出不合适的行为，或者车开得飞快（我也有这种表现）。如果不清楚自己会释放什么信号，那就问问特别了解你的人，他们能告诉你。

如果发现自己出现了一些压力过大的信号，我会考察以下问题：

- 为什么会有这么大压力；
- 是什么导致了这些压力；
- 对此我能做什么；
- 我能做什么阻止这种情况再次出现。

我不喜欢承受过大压力（孩子们说我事太多），无论什么工作都不值得我付出身体健康的代价。我知道如何放松——一旦意识到有压力过大的风险，我就会帮自己减压。我知道哪些方法有用，你呢？

> 没错，你需要兴奋、挑战、激情、愉悦和刺激，但你绝不需要过大的压力。

RULE 58

法则 58

关注自身健康

我们很容易忽视自己的健康。立刻着手，管理自身健康状态。以下是一般性建议：

• 好好吃饭——在一个放松的环境里，坐下来好好享受美食；

• 吃优质食品——吃新鲜、有机食品，吃瘦肉、水果、沙拉、蔬菜、粗纤维，不要吃垃圾食品和加工食品；

• 晚上睡一个好觉——每晚都是；

• 不要继续担心——多笑，做有趣的事，享受和工作无关的生活；

• 定期接受基本体检，及时发现健康隐患，比如前列腺或乳房肿块；

• 在舒适及安全的环境中工作；

• 定期做胆固醇水平和血压筛查；

• 有支持、关心的朋友与家人；

• 拥有信仰，能帮助你度过危机；

• 锻炼；

• 监控体重；

- 适度饮酒；

- 不要抽烟[1]。

当然，你没有义务必须按照上面的建议行动。你是成年人，可以自主做出决定。可如果想多福多寿，最好还是认真思考前面的建议。

> 如果想多福多寿，最好还是认真思考一下。

---

[1] 这是最重要的一个建议，因为其他方面加起来，也不及抽烟对你的人生总体预期和健康的影响大。

RULE 59

法则 59

做好迎接痛苦或喜悦的心理准备

听着，工作谋生是一件复杂的事情。你的级别越高，这种感觉就越明显。刚进入职场时，只是会计文员的我，习惯了无聊、空虚、无所事事的状态，我讨厌自己的工作。被提拔到总经理后，我意外地发现，自己仍然处于无聊、空虚、无所事事、讨厌工作的状态。

尽管初入职场时我已经做好了心理准备，但是除了得到更好的职位外，我却没有做好对工作的感觉没有变化的心理准备。我以为每一天都会充满戏剧性、让人兴奋，我以为每天都会充满挑战，工作的要求更高，每天都会游走在危机的边缘。事实却不是如此，我想，我大概是失望了。

现在我自然明白，不可能每一天都过得那么美好。有时候确实很无聊，有时候会非常刺激、戏剧性十足，但平淡无聊的时候更多。你需要做好心理准备，面对的可能是痛苦，也可能是喜悦。你必须调整预期，不至于在无聊时感到厌倦，也不至于在语言无法形容的喜悦来临时激动得不知所措。

麻烦在于，如果现实真的很无聊，你有可能会蠢蠢欲动，想通过颠覆的方式调动气氛，我就不止一次这么做过。最好还是冷静一些，让这种情绪慢慢消散。除非是创新，否则作为管理人员，你不该颠覆和破坏现有状态。

你必须调整预期，不至于在无聊时
感到厌倦。

RULE 60

法则 60
面对未来

无论正在做什么，局势总会发生改变。未来总有一天会变为现实，这是不可避免的。情况总会发生变化，这是必然趋势。现在一起合作的人也会离你而去。你的销售数字可能会上升，也可能会下滑。你的老板可能会退休，也可能会继续高升。你的客户群体可能会发生改变，同事也会出现变动。你也一样，会发生改变。

变化是不可避免的，聪明的经理不仅接纳变化，还能提前做好心理准备。我们在前面讨论过拥有 B 计划和 C 计划的重要性；但这里不同——我们在这里讨论的不是应对危机，而是保持灵活的态度，始终领先潮流。这意味着，当局势发生改变时，你不会被后浪拍倒在沙滩上，而是顺势而上。

我曾经服务过的一家公司，在一年的时间内两次遭遇收购。每一次都有新人进入，实施一系列变革。他们想用"他们的"方式做事。这没问题，但第二次收购发生时，我们才刚刚适应第一次收购后的变化。

我见过很多中途失败的人，因为他们应对不了保持灵活态度这种压力。我差一点也成了那样的人。那是一段艰难的时光，但那时的我意识到，抗拒改变是徒劳的。只有接受改变这个现实，我才能生存下去；不只生存，我还能把改变用作自己的优势。越是微笑，越是有"来吧，我不怕"这种心态，我就越能从改变中被赋予更多的责任。其他经理可能像风暴中的老橡树一样坚挺，而我却像棵柳树。我会弯腰，会改变方向，会生存下去。他们顽强抵抗，坚挺而不动摇，最后损失了数不清的枝杈。

你也需要面对自己的未来。你会改变现状、继续向前吗？你是否已经对工作、行业现状和自己的角色感到厌倦了？现在能让你兴奋的事，十年后未必还能让你兴奋。

> 抗拒改变是徒劳的。只有接受改变这个现实，才能生存下去。

RULE 61

法则 61
抬起头，不要低头

　　我们很容易在生活中垂头丧气。保持快乐的心态，昂首挺胸更是难上加难。你会说"只剩半杯水"还是"还有半杯水"？如果是"只剩半杯水"，也许你需要休息几天，或者参加再培训课程，接受一些新挑战，换一份新工作，换一套房子或者换个新团队——简单来说，就是换一种思路和心态。人生确实会在我们猝不及防时发起攻击，而我们没有时间去躲避。经理这份工作，也不是永远快乐或轻松，你会感到疲劳、苦闷、倦怠，你也会萌生退意。每个人时不时都会出现这种状态。做管理人员有时会吃力不讨好，你会有一种四面楚歌的感觉。我不知道到底是从上到下处理事情好，还是从下到上好，但我清楚地知道被夹在中间、接受来自上下两方的攻击时有多难受。

　　抬起头既是一种肯定的姿态（遇到问题时反复做这个动作，但是要悄悄地做，否则别人会认为你是怪人），也是行为上的指示。无论是在身体上还是在心理上（也可能是精神上），你都可以练习"抬头"这个动作。

　　对着镜子，抬头的同时说："我感觉糟透了。"你肯定会忍不住笑出来。试试相反的做法。低头说："我很开心。"你一定会觉得又假又傻，你也会笑。不过，我还是建议你抬头对着镜子，人的心境会有所不同。

　　走进一个房间时，你要抬头。主持一个会议时，你要抬头。演讲时，你要抬头。问候他人时，你要抬头。和员工聊天时，你要抬头。和客户交流时，你要抬头。过完漫长而繁忙的一天，准备睡觉时，你才可以低下头，因为你知道自己已经愉快、大胆地度过了一天，出色地完成了工作。干得漂亮，恭喜你。

> 无论是在身体上还是心理上（也可能是精神上），你都可以练习"抬头"这个动作。

RULE 62

法则 62
既要见树，也要见林

你必须要有大局观。只关心自己或者部门的那一点儿工作并不是好做法。你甚至不能把精力局限在自身所在的机构或行业上。无论何时，你都要看得更长远。优秀的经理——就是你[1]——需要对国内和国际政治、社会历史、国际大事、国家动向、国际关切、环境、法律法规、法律提案[2]和科技发展（不论这是否会影响到你所在的产业）都有着清醒的认识。

你也需要关注眼皮底下发生的事——不论是你的团队、部门还是周围环境，细节和大局都很重要。

如何找到时间思考这些问题呢？如何找时间去反思、分析和预测？你要把这些事情排进日常安排，就是这么简单。这就是成熟经理人的做法。如果想成为能力出众的高级经理，你就要懂得给自己留出思考空间的重要性。有时候出门旅行时，你能得到这种机会（一定要保证专门留出时间，合理利用这段时

---

[1] 我反复在说"就是你"。可能你会好奇，我是怎么知道的。因为你正在读这本书。差劲的管理者自以为无所不知。能读到这里，说明你愿意读书，愿意学习，愿意寻求他人的建议，以扩大眼界，了解更多观点，始终站在最前沿，拥有开放的心态。这很好，你很优秀。干得漂亮。

[2] 不只限于可能影响你所在行业的法律，还包括其他重要法律提案。连锁反应的效果通常很惊人。

间）。有时候你需要专门抽出一两个小时，保证不受干扰地思考。有人问起时，就说那是"策划时间"——除非对方是成功的经理人，跟他们说实话，他们会理解你的。

聪明的经理会睁大眼睛观察，会仔细倾听，他们对新理念、创新和潮流抱有开放心态。你既要看见树，也要看见林，不可被一叶障目。

> 只关心自己或者部门的那一点儿工作
> 并不是好做法。

RULE 63 法则 63
懂得何时该放手

　　知道何时该停下来，真正"放手"，有时候非常难。但有些工作注定不会有任何成果；有些人无论如何也无法融洽相处；有些老板就是让人无法忍受；有些时候，停手是唯一的选择。

　　优秀的经理本能地知道何时该退后和退出，他们可以有尊严地轻松脱身。这条法则不仅适用于你，也适用于陷入困境、被玩弄、试图为无可辩解的人或事辩解的人。拜托，你必须知道何时该退出，知道什么时候局势无法挽回。

　　优秀的管理者知道何时该举起手说："好吧，我搞砸了。这是我的错，我投降。"你总能得到原谅，因为你这么诚恳、直白的态度打乱了对方的思路，他们不知道该如何对付你。

　　如果不知道何时放手，你的愤怒、厌恶。压力、嫉妒和痛苦便会越积越多。学会一走了之。你不需要宽恕或者忘却，你只需要放下一切，转身离去。

　　商场里有一种说法，扯平总比发疯强。但扯平其实就是发疯，只不过需要更长的时间。放手吧，把精力集中到下一个让你兴奋的大事上。

你必须知道何时该退出，知道什么时候局势无法挽回。

法则 64

有决断力，即便有时这意味着犯错

RULE 64

我敢打赌，你肯定痛恨那种因为害怕做出错误决定而拒绝做出决定的管理者。这种不断推诿、优柔寡断的管理者永远不会下决心，除非为时已晚或者有人替他们做出了决定。我和这种人合作过，没有什么比骑墙派更让人讨厌的了，因为他们根本不知道该往哪边跳，而且总是以恐惧为借口。因为害怕犯错，所以他们感到惊恐，不敢做出决定。他们害怕因为犯错而丢掉工作。多大点儿事？就算犯错，也比害怕而不敢做决定强。没什么可怕的。

假设你确实做出了错误的决定。怎么说呢，有时候即便是大错，也会有闪光点或者奇迹出现。尽管有时根本不知道自己在做什么，我们还是可以愉快而平稳地安全着陆。我希望你成为这样有魔力的管理者。那些直觉强的经理，身边可能会出现各种奇迹。如果你只想做个骑墙派，那就不要读这本书了。

我在这里的意思，并不是让你鲁莽地做决定。我的假设前提是，当你需要做出上述决定时，你已经找到了充分的证据，进行了分析和衡量，也许还问过其他人的意见。我指的是这种状态——到这个关键点上，因为害怕犯错，你面临着逃避做决定的诱惑。

这里需要勇气，需要犯错的勇气，需要冒险的勇气。这种勇气是一种合理的害怕（因为害怕而犹豫不决，与做出重大决定而害怕但却兴奋是完全不同的）。

你只需要了解事实，做出权衡，寻求他人意见，跟随本能，最后做出决定。要有活力，胆子大一些。

你只需要了解事实，做出权衡，寻求他人意见，跟随本能，最后做出决定。

RULE 65

法则 65
采用极简主义的管理风格

  极简主义意味着不要发布冗长的报告，不要每隔 20 分钟就发一份备忘录。极简意味着保持最少量的法则[1]，让员工有自由发挥的空间。工作说明应当合理、清晰、易懂而简单。极简主义意味着经理应当聘请专业人士，让他们不受干扰地工作。所谓极简主义，管理者应当对自己的职位有信心，不需要故意做出成绩讨好上司，也不需要欺负或干扰下属。

  信奉极简主义的管理者，力图以最少的工作取得最多的成果。没错，你确实需要有老大的样子，但这更像驾驶一艘大船——略微拨动舵盘便已足够。如果猛地把舵盘从一边打向另一边，你只会迅速偏离航线。

  中国有一句古话："治大国若烹小鲜。"换句话说，没完没了地折腾，结果只会更糟。管理一个部门、团队或者企业也是如此，应当温和、慎重、不张扬。受人理解总比张牙舞爪强得多。

---

[1] 我说的不是这本书的法则，而是琐碎的法则——必须戴领带；上班时只能吃一个甜甜圈，不能吃两个；和高级经理说话时必须称呼女士 / 先生，不能直呼姓名；必须按规矩停车；只能穿适度高跟；必须……你懂我的意思。

信奉极简主义的管理者，力图以最少的工作取得最多的成果。

RULE 66

法则 66
想象自己的蓝色门牌

假如你曾写过畅销书，去世后，你出生、居住或者写书时住过的房子就会得到一块蓝色的门牌——总之伦敦就是这样 [1]。我并不是说写书的"你"能得到这个蓝色的小东西，而是指你去世后住在那栋房子里的人能拿到。这块蓝色门牌，就是对你生前功绩的纪念。如果没做出什么成绩——比如说没写过畅销书，没为人类文学事业做出过贡献，也没钱住在伦敦——你就不可能得到这块蓝色的门牌。

假设管理者也能得到蓝色的门牌，还不限于伦敦地区。你能依靠什么得到自己的蓝色门牌呢？或者说，你能得到吗？你希望外界记住你怎样的形象？我有过一个上司，他的管理风格可以说非常奇特。每天上班，他都会大骂自己见到的第一个人，不管对方正在做什么都会大加批评。随后他会走进办公室，喝上半个小时的咖啡。然后他会巡视办公区，表扬看到的第一个人，不管对方到底在做什么。我问过他，他表示："让他们集中注意力。他们永远不知道我的心态。如果他们害怕，就会更努力工作。"朋友，你是不可能拿到蓝色门牌的。

---

[1] 我很肯定总有一天你一定会离开这个世界，但写书并不是必需的。成为音乐家也可以，连吉米·亨德里克斯都有一块蓝色门牌。

以前我也讲过这个故事，因为即便已经过去 20 多年，那个人仍然是我见过的最不称职、愚蠢又霸道的上司。可他到现在还有工作，还在同一家公司任职。但他的职位基本没变，因为他用的还是我认识他时的那一套方法。可他也没有失业。我没有那家公司的股票——从未买过，也绝不会买。

我想要蓝色门牌。我希望是因为自己成为了最优秀的经理而得到这块门牌；我希望是因为自己能给团队带去积极影响、取得工作成功、确立标准而得到这块门牌；我希望取得巨大成功，希望成为一个每个人都愿意合作的同事。

你希望外界记住你怎样的形象？

RULE 67 法则 67

拥有并坚持原则

仔细想一想，每个人都应该有原则。没有原则，最后的结果要么是自我鄙视，要么是负债累累，甚至是进监狱。有原则的人也可能会陷入上述境地，但你至少可以说："我是有原则的人。"

你需要一条绝不会跨越的底线，你必须知道这条底线在什么位置。别人没有知道的必要，除非他们有过分的要求，这时你就可以亮出自己的底线。那条底线上必须有一堵 10 英里高的钢筋水泥墙。不论出现什么情况，你都不能跨越这条底线。

我有一个朋友，她的老板曾经要求她伪造一封正式的警告信用于审判，一个前同事将那家公司起诉到法院，声称遭到了不公平对待和解雇。你会照老板说的做吗？你认为对方是否遭到了不公平的对待？假如他们确实受到了警告，但是没有正式记录在案呢？假如你和上司确定当时有过书面记录，可现在就是找不到呢？我不是告诉你这个例子中的对与错。我只是说，你必须知道自己考虑的到底是对还是错。要坚持自己的选择。

你会把自己的底线划在什么地方？也有人要我做我不喜欢或者让我觉得不愉快的事情。有人提出的要求，让我非常厌恶。

可一旦有人提出的要求超越了我的底线——谢天谢地，在漫长的职场生活中，我只遇到过一两次这种情况——我都会拒绝，并坚持自己的原则。每次我最多受到轻微的惩罚，并没有丢掉工作。

> 你需要一条绝不会跨越的底线，你必须
> 知道这条底线在什么位置。

RULE 68

法则 68
追随直觉

内心深处，你对自己的对错其实有着明确的认识。我们当然可以忽视内心的声音，可若是真的不顾真心，我们就会陷入麻烦。内心的直觉有时可能不那么强烈与明确，可忽视强烈的直觉，你就是疯子。

问题在于，无论什么时候，我们的想法都很明确。有时我们会把想法和直觉混在一起，当我们自以为跟随直觉时，实际上我们只是因为害怕、嫉妒或者产生了其他情绪而做出了反应。

怎么区分呢？假如你和别人谈起你准备采用的新体系，尽管他们表现出了积极的态度，但你内心觉得古怪，或者认为他们的反应其实很冷淡，你就要注意了。花时间想想原因。再跟其他人谈谈，看是否还会出现这种感觉。复查计划，从各个角度考察，考虑所有参与者的利益。现在你还那么有信心吗？

不要过于骄傲，不要过于懒散，要多征求反馈意见，寻找可以咨询决策的人。如果感觉非常不好，也可以重新思考提案，或者做出新决定。

回想过去做过的决定，不论好坏。那时候你对自己的决定有什么感觉？内心深处你是否知道自己的决定漏洞百出、极有可能失败？现在你还能想起那种感觉吗？

　　"培养本能"非常难，可如果养成"听从内心声音"的习惯，你对直觉的感知就会更为灵敏，也会知道自己在情况不对时的本能反应是什么。

> 如果养成"听从内心声音"的习惯，你对
> 直觉的感知就会更为灵敏。

RULE 69

法则 69
要有创意

　　优秀的经理拥有大量创新技能，一旦自己和团队的思维、工作陷入停滞——比如每个人时不时都会晕倒这种情况——你必须有可以依靠的东西。

　　有创意指的是为解决问题寻找全新而不一样的方法。工作陷入停滞，心情焦虑的你走到户外做园艺，或者做做家务，出门放放风筝什么的。全身心投入到放松的事情中，灵感自然就有了。

　　很多创新技巧都是在帮你封锁外部的感知，只进行理性思考，调动一部分内心世界。而这一部分平常难以触及的内心，其实拥有数不清的答案。只有在睡眠、冥想或者利用创意思维方式时，我们才能调动这一部分能力。

　　观察你尊敬、欣赏的管理者的做法。他们应该掌握着大量的创新技巧，想办法偷学几个。了解聪明的管理者的做法，思考并尝试。询问和自己不属于同一领域的人的建议。不要害怕与众不同，不要担心不被理解。毕竟，有些好创意只有做梦时才能想到。

> 全身心投入到放松的事情中，
> 灵感自然就有了。

法则 70
不要停滞

你到底是领袖，还是经理？考虑到整本书都在讨论如何成为一个高效、高产的优秀管理者，这个问题似乎不太公平。但真正优秀的管理者通常也是领袖——他们能激励团队成员、为那些人带去动力，他们懂得鼓励，可以把激情注入团队中。其他人就像飞蛾扑火一般向他们聚拢。他们有魅力，有活力，还有风度。这样的人就是领袖。

他们同样是优秀的经理人。管理的工作太多，你就会陷入泥潭。你要热爱改变，寻求新挑战，时刻保持警醒，寻找新的工作方法，采用全新而令人激动的方式激励团队，引入新技术和创意，推动新潮流，打破局限性，颠覆现状。你不能停滞不前，否则就会越来越腐朽，就像长满青苔的雕塑，渐渐被人忽视。

我知道，在日常工作负担、未来的会议计划以及向上司汇报之外，你很难有精力再去做其他事情。但你必须思考，否则就会陷入静止状态。每天或每周留出少量时间——半小时足够了——思考具有变革性的创意。为什么？不这么做，你就只能埋头于日常的琐事中，每天一成不变地做着无聊的工作。你的职位确实是经理，但你也应该是一个创新者、激励者和领袖，你应当成为引导潮流的人。

如果你的身上已经出现了"青苔"，人们已经开始把你视作背景，你就需要非常努力才能甩掉这样的标签。不要用过于剧烈的改变吓到别人，要循序渐进。

真正优秀的管理者通常也是领袖 —— 他们能激励团队成员、为那些人带去动力。

法则 71

懂得适应新情况，做好继续前进的准备

    总有那么一刻，你需要放下一切，重新开始。还有其他工作等着你去做，也有其他团队等着你的领导。也许你应该收拾行囊，继续前行。睁大双眼，继续寻找机会。托马斯·爱迪生曾经说过："大多数人都会错失机会，因为机会总会伪装成工作的样子。"

    还记得你的长期计划吗？我敢打赌里面肯定没有"退休或者离世前一直留在这个位置"这种想法。高瞻远瞩才是重点。

    作为优秀、出色的管理者，意味着经常有猎头找上门来，希望把你挖走。做好被诱惑的心理准备。不是说必须换工作，而是对别人的开价保持开放心态——能被猎头看中也是件令人开心的事啊。

    做好改变前进方向的准备；做好准备，寻找不同寻常的机会。如果属于长期计划，做好独自一人前进的准备。

    抛弃自己的团队，你应当产生罪恶感吗？不，你有自己的职业轨迹，其中必然涉及变动。当你扫清蜘蛛网后，呼吸到新鲜空气的团队成员说不定还能从中获益。我曾经放弃过有些人认为我绝对不会放弃的管理职位，我决定去"其他地方"施展

才华，其他人却以为我会被黑暗和危险吞噬。离开后我就成了"逃兵"，但总比其他人大松一口气、说"总算走了"要好。

> 做好改变前进方向的准备；做好准备，
> 寻找不同寻常的机会。

RULE 72

法则 72
记住真正的目标

　　另一个作家卡梅尔·麦康纳尔（Carmel McConnell）在《提前一步：什么都在乎》（*Get Ahead: Give a Damn*）这本书里写道："快乐、满足、涉猎广泛但拥有支持的人，通常能取得更多的工作成果，也能享受更多的人生乐趣。他们抽干了很多沼泽——而且从中获得了很多乐趣（沼泽排水是个有趣的职业，这听上去有点奇怪）。然而，我们中的很多人都会遇到鳄鱼……也就是高效、高回报且轻松的生活中遭遇的具有破坏性的阻碍。有些阻碍是我们自己造成的，有些是其他人设置的。还有一些，就是自然的安排。"

　　我的朋友，我们的目标到底是什么？每个人都有不同的想法。你可能会说"为了让利益相关人得到利润"，你以为那是我想听的答案，想用这个方法拍马屁。你错了，这不是我想要的答案。

　　即便不得不面对鳄鱼，别忘了，你的真正目的是抽干沼泽的水。为了应对你会遇到的阻碍，你可以做很多"抽干沼泽"式的练习。你可以把那想象成下一个工作，做出新的预算，通过下一轮面试、撑过下一周的工作或者平稳度过纪律审查。也可以是长期目标，或者整体的职业规划。追在你身后的"鳄鱼"，可能是同事、客户、上司、下属或者家人，谁都有这个可能。但他们确实可能会成为阻碍你抽干沼泽的障碍。

这条法则其实说的是把精力集中在真正的目标上，不要被身边发生的琐碎小事分散了注意力。保持专注，清醒地知道自己的真正目标——不管你的目标到底是什么。

> 保持专注，清醒地知道自己的真正目标——
> 不管你的目标到底是什么。

法则 73
记住，没有人必须出现在什么地方

我曾经和一个非常出色的经理合作过。虽然他已经去世，但我一直牢记他教给我的管理知识。从表面上看，他和我们打成了一片。他按照公司规定办事，谨言慎行，有魅力、工作效率高，工作还很认真。可事实上，他是一个只为自己工作的人。

鲍勃是个个人主义者，也是个法则破坏者（他破坏的当然不是这本书里提到的法则，事实上，其中大部分法则都源于他），他不随波逐流，他是先锋。他突破了局限。他就是办公室里那个"很酷的家伙"，是"悄无声息做好管理"的代表。

显然，他不仅完成了工作，而且完成得特别出色。但他始终属于管理界的叛逆者。有一次他和我原定一起参加一个管理培训课程。猜猜谁没出现？没错，就是鲍勃。他才不会花时间给别人搭什么乐高模型。

我去了，我搭了乐高模型。我严格遵守了公司的规定。猜猜谁得到了提拔？没错，还是鲍勃。

为什么会这样？都是抱怨惹的祸。我一直在抱怨。鲍勃会说："我们都没必要出现在这里。"那是他的真心话。说真的，我们确实没必要出现在那种地方。我们没必要做那些工作，我们随时可以离开。这意味着，对于是否出现，我们是有选择权的。是我们自己选择出现在那个地方。我们选择每天去上班，这是我们自己的决定。如果这是我们的选择，那自然意味着我们享受这样的生活——否则我们不会出现在这里，对吧？如果不喜欢那样的生活，我们就不会出现。

鲍勃实际上是在告诉我："不要抱怨了，要么享受，要么走人。"你当然有权利指出错误的地方，可如果问题得不到解决，你最好学会忍受。要么享受其中的乐趣，要么离开，把工作让给愿意干活的人。没有人必须出现在什么地方。

> 不要抱怨了，要么享受，要么走人。

法则 74

回家

    我还合作过一个经理，他经常加班，早上提前赶去办公，不吃午饭，永远低头办公，一秒钟也不愿浪费。猜猜后来谁升职了？没错，还是法则 73 里提到的"酷先生"鲍勃。

    和我共事时，鲍勃最喜欢说的一句话就是："回家吧。你才刚刚成家，回去多陪陪家人，不然他们连你长成什么样都不记得了。要不在他们忘记你的长相前寄张照片给他们？"我自然选择了回家，鲍勃也是，而且他经常回家。事实上，他又一次升了职。

    鲍勃的秘诀是什么？就是他的团队、包括我，愿意为他做任何事。我们愿意多付出些努力，我们不愿意让他失望。我从未见过其他人能像鲍勃一样激发团队成员的忠诚。他让我们每个人都能感受到自身的成长，知道自己得到信任、受到他的尊重。他从不大喊大叫，不会欺负下属，不会以权压人，不会提出无理要求，不会过劳，更不会羞辱他的下属。我从没见过他处罚过什么人。他是一个有魅力、有感染力、潇洒又放松的人。他细心对待我们每一个人。

    鲍勃说，他的秘诀就是家人。他为了家人工作。他爱自己的孩子，宁可回家陪伴孩子，他也不愿意工作。谁都能感受到他对家人的爱，拥有快乐的大家庭也让他感到骄傲。他经常聊起自己的孩子和妻子，谁都能感受他和家人在一起时非常快乐。

鲍勃从不加班，因为那是对最重要的家人的不忠诚。这让他变得极有深度。他是一个完整而平衡的人。他已经找到了内心的平静。因为家庭生活让他满足，所以在工作中，他没有需要证明自己的地方。我也和一些彻头彻尾的混蛋做过同事，可以说，他们唯一的共同点就是家庭生活糟糕。他们的"根据地"受到了侵蚀，自然会影响工作。所以说，亲爱的朋友们，回家去吧。

> 因为家庭生活让他满足，所以在工作中，
> 他没有需要证明自己的地方。

RULE 75

法则 75

不断学习——特别是学习对手

我们都见过因为竞争对手抢走客户而暴跳如雷的管理者，也见过那些没完没了抱怨丢掉客户有多么不公平的管理人员，也认识一些客户离开后就破口大骂、揭开陈年伤疤的人。这真是大错特错。相信我，如果竞争对手偷你的创意、抢你的客户、合同、销量、员工甚至收入，那么（a）你该被责怪的是你自己，（b）你得到了一个特别好的机会，学习如何提高自己的水平。

优秀的竞争对手能让人受益无穷。他们正在做什么？我们能从中学到什么？怎么才能超过他们？我们怎么才能从他们的做法中学到有用的知识，和他们展开竞争？我们如何才能比他们做得更好，增加自己的市场份额？

每周都抽出一点时间考察竞争对手。原因很简单，如果他们是优秀的竞争对手（一般来说竞争对手都很高效），他们也会考察你。花些时间了解对手，和他们分享信息。听着，假如你有五个主要的竞争对手，你应该和他们分享，告诉每个人一部分信息。虽说是分享，可你也是在传递个人理念，其他五个人也会把自己的理念、信息和研究成果等拿出来和你分享。我们不该害怕竞争。我们应该敞开双臂接纳竞争。这会扩大我们的市场份额。你会因此时刻保持专注，你也会因此得到真正学习的机会——所谓"真正"，指的是现实发生，而非模拟的训练。
重要的是，你不会被迫玩乐高积木。

　　你不是在害怕竞争，你其实是在害怕自己的能力不足。如
果你知道自己的工作没问题，竞争对手自然不会形成什么威胁。
如果你工作做得不好，竞争对手自然就会把你甩在身后——对
此你心知肚明，就像你知道自己的工作到底干得好不好一样。

> 你不是在害怕竞争，你其实是在害怕
> 自己的能力不足。

法则 76

有激情，要大胆

　　如果对工作都没有激情，你还会有激情做什么事？说真的，不管是真的在工作，还是闲坐着消耗时间，人生中大概只有睡觉时间会多于工作时间。你必须热爱自己的工作啊。你肯定喜欢谈恋爱，可这也不会像工作一样长久。你喜欢美食，可一天最多吃三顿饭，而工作却可以一直做下去。你可能十分热爱生活，拥有各种爱好，喜欢和家人在一起，喜欢度假。有太多人把工作看成是痛苦的事，是迫不得已必须做的琐事。假如你就是这样，那还是回家吧——待在家里别出来了。把位置留给其他热爱工作的人。不过我相信，你不是那样的人。

　　最初进入职场时——我换过很多工作——我会在接受培训前了解整个行业。我会了解行业历史，知道有什么知名人物，了解其中的故事，知道行业的演变经历及相关法律及历史惯例。开始工作时，我就像一本活动的百科全书，知道相关事实与信息、趣闻与历史。其他行业从业人员对此知之甚少，也让我非常惊讶。我激情满满，但其他人似乎兴趣全无。我发现只有很小一部分人关心自己的工作。这些年里我也见过不少这样有激情的人，但人数仍然不够理想。

　　一旦有了激情，你的胆子也会大起来，因为你有了动力和勇气，心中多了一份悸动。"大胆"意味着你愿意冒风险。"冒险"意味着总有一天会得到回报——并非次次都很顺利，但结果大多会让人满足。你还能确立有抱负、有能力的成功人士的形象。

有激情意味着关心自己的工作。不是敷衍，而是真正投入精力去关注。你会充满动力——总能感到兴奋，有做事的激情。你做的事情确实能给世界带去改变——不只是创造商业价值，或者成为有身份的人。重要的是为其他人的生活、环境和社会真正做出贡献。连这点激情都没有，你到底算什么样的人？如果有激情，你的焦点放在了哪里？现在没有激情，什么时候会有呢？

> 一旦有了激情，你的胆子也会大起来，因为你有了动力和勇气，心中多了一份悸动。

RULE 77

法则 77

做好最坏的打算，但仍保持乐观的心态

作为管理者，你需要做好最坏的打算，但也要保持乐观的心态。最糟糕会出现什么情况？为了看世界杯决赛所有员工都打电话请病假？丢掉了大合同？销售额一落千丈，甚至跌到零点？办公楼着火？遭遇全国罢工？流感大爆发？出现恐怖袭击？原油泄漏？因为健康和安全问题被迫歇业？这些因素都会给你带来灾难性后果。

如果真的出现最坏的情况，你有应急计划吗？没有吧？我猜也是。你必须制订应急计划，指定"逃生通道"，确定危机出现时的行动流程，知道出现什么情况该做什么应对，选好替补人员，有备用的资源或收入流。不管怎么说，你必须有计划。

实际上，你很有可能没有执行这些计划的机会。运气好的话，这些计划会永远停留在计划阶段。即便如此，计划仍然是必需的。

有了计划后，你就可以满怀希望地迎接未来了。希望你永远不会碰上坏事；希望阳光永远明媚。曾经有专门委员会成员问我，假如公司遇到炸弹威胁，我会怎么办。我的回答是："希望那只是场恶作剧。"虽然这引得他们大笑，但这并不算加分的回答。"有计划吗？"他们问我，"哦，我也准备了这种计划。"这种回答估计能为我挽回 0.5 分。

做好计划，然后心怀希望。

法则 78

让公司看到你在支持他们

为了让公司看到你在支持他们，你需要扎实地做一些事。比如：

- 购买一些股份；

- 阅读公司的简讯——如果能参与编写就更好了；

- 支持公司运作；

- 表露出对公司有兴趣；

- 愿意提问；

- 让别人注意到你对公司的兴趣，想办法记录在案；

- 关注你对公司的贡献，而不是能从公司得到什么回报；

- 使用公司的产品或服务；

- 主动说公司的好话；

- 练习如何表扬公司——即便临时被人问到也能胸有成竹地做出回答；

- 了解公司的使命与经营理念；

- 非常熟悉公司的产品和服务；

- 了解公司历史——如何成立、并购或收购，了解公司的长期目标及关键成员（创始人等）；

• 了解公司的社会定位以及对社区做出的贡献。

不管怎样，永远不要说公司的坏话。

我知道你会说："但是，这样我不就成了蠢货，成了只顾今天的应声虫，变成公司的狗腿子了吗？"不，如果你做对了，就不会这样。如果你只会陈词滥调，一点也不真诚，其他人自然明白你是在演戏，他们也只会把你看成公司的狗腿子。如果你意志坚定，其他人就会追随你的领导。把自己变成榜样。坦率地说出对公司的赞赏。很少有人会这么做，所以你会很显眼。但是要记住，大胆的同时也要态度诚恳。

你又要问了，"如果我觉得公司不好怎么办？"我的建议是，离开。这是一种双向选择。公司雇你，你为公司工作。双方都会付出，也都有收获。如果这段关系让你感到不开心，不如离开，干脆"离婚"，再找一个"爱人"。你必须爱自己的公司，把自己和工作之间的关系看作一段感情。如果感情生活糟糕，你会怎么办？忍气吞声？我当然希望你不会这么做。

> 把自己变成榜样。坦率地说出对
> 公司的赞赏。

法则 79
不要说上司的坏话

RULE 79

好吧，假设你的上司是个混蛋，你无法忍受为这种人工作，你要告诉所有人自己的上司是个蠢货。真的要做得这么绝吗？不，绝对不能这么做。无论怎样，都不要说上司的坏话。如果所有团队成员都知道上司一无是处，也明确地把这个观点告诉了你。你要认同他们的观点吗？不能，绝对不能。如果找不到好话，那就什么话也不要说。即便上司活该被骂，即便你认为他们很差劲，也绝不能说他们坏话。

上司毕竟是上司。如果他们真的那么差劲，那就辞职，换份工作。如果仍要继续做这份工作，那是你自己做出的选择，你只能忍受，相信自己，坚持下去。否则，最后发疯的只有你。

如果你的上司是所有人的噩梦，你的任务就是扭转这个局面。让上司信任你，这样他们才会把更多的工作交给你，让你承担更多的责任。最后由你取代他们。很简单，是不是？显然没这么简单，可如果你真的热爱工作，上面提到的就是必经之路。

评论上司时必须谨慎，以防你的话传到上司的上司的耳中——说不定你的上司是这个人的宠儿，他不能容忍你说坏话的行为。不管怎么说，你的上司是他们任命的，公开质疑他们的决定，就是自找麻烦。

　　我曾经为一个彻头彻尾的混蛋工作过。他酗酒，周围都是狐朋狗友，连新年（New Year）和新乡（New York，纽约）都分不清。有人向总部投诉，总部委派专人下来解决这个问题。包括我在内的 12 名初级经理都被问到了对他行为的评价。我拒绝配合，闭口不谈。一年后，我的上司没走，我也没走，但其他 11 个初级经理都离开了公司。我的观念就是：如果没法友善，就保持沉默。为什么我的上司没被炒鱿鱼？我不知道。显然有些人就是欣赏他。我是因为什么留下的？我也不知道。他信任我，我只是埋头做好自己的工作；他的行为没有对我产生过多的影响，随机应变就足够了。

> 如果找不到好话，那就什么话也不要说。

RULE 80
法则 80
不要说团队的坏话

前面说了，你不能说公司的坏话，也不能批评上司。我知道你的下一句肯定是："我能批评我的团队，这没问题了吧？"不，公共场合你也不能批评他们。关上门只剩团队成员、没有外人时，只有那时，只有情况非常糟糕时，你才可以小小地发一下火。除此之外，不要批评团队成员。

埋怨工具不好用的工人，肯定不是好工人。团队成员就是你搞定管理工作所需的"工具"。如果团队成员起不到作用，是你没有为工具打磨、上油、清理锈迹、修理把手、更换坏掉的零件，是你没有查看工具是否有所损坏，是你没能解决问题。

你的团队总会犯错，这是必然。事情总会出差错，这也是必然。你面对的是人，真实的人时不时会搞砸一些事，他们会情绪激动，会让你失望，整个团队的工作会一塌糊涂，他们也会在胡闹后装出一副正常的样子。如果以为这种事不会发生，不为此提前制订应急计划，你就是个大傻瓜。听着，出了问题后痛斥团队毫无益处。学习经验教训，继续向前就对了。

你应当"公开祝贺那些帮助组织接近其战略目标和理念的人"，而这些人，就是你的团队成员。如果公开指责团队成员，你散发出来的只有负能量，这会导致整个团队进一步跌入低谷。如果表扬他们，你就能提振所有人的士气。

指责团队，就是在指责自己，等于公开承认自己是个糟糕的经理。别这样做——你没那么糟糕。

出了问题后痛斥团队毫无益处。学习经验教训，继续向前就对了。

法则 81
上司让你做的事可能是错的，接受这个现实

你的工作干得好，不等于其他人也能做好各自的工作。有些上司一无是处，这种情况不可避免。有时他们会让你做疯狂的事；有时他们的命令明显不合理，只会让你倒吸一口凉气；有时他们让你做的事根本就是错的。你该怎么做？

你有很多选择：

- 拒绝；

- 离开；

- 从工会 / 管理顾问团队 / 行业组织中寻求建议；

- 从人力资源部门寻求建议；

- 寻求其他经理的建议；

- 寻求更高级别的上司的建议；

- 把自己的担忧以书面形式记录下来；

- 按要求去做，多发牢骚；

- 微笑着吹着口哨去做；

- 和上司讨论自己的顾虑。

私下和上司面对面交流，边喝咖啡边聊，这是最明智的选

择；随意聊聊天，不必搞得很严肃。指出你认为他们的命令有
问题的地方。不要弄成私人恩怨，不要攻击他们。千万别说他
们很垃圾这种话。你要说，有问题的是自己；上司和他们的命
令都很好，只是你觉得不舒服。坚定地把皮球踢回给他们。如
果他们坚持不改，你就以自己仍然觉得不对劲为理由，要求留
出时间寻求更多建议。询问是否可以把自己的担忧记录在案，
是否可以把他们的意见记录在案。

　　有些时候你得明白，上司确实不知道自己在做什么，他们
不会改变，而你只能忍耐。当然，你也可以拒绝，可以离开。
选择权在你手上。你要记住的是，这种情况时不时会出现。

> 有些时候你得明白，上司确实不知道
> 自己在做什么。

法则 82

上司有时和你一样恐惧，这是现实

可怜的人啊，他们也会害怕，也会多疑；他们会感到迷失，觉得不受人喜爱；会迷惑、不知所措；也会感到脆弱与孤独。你需要减轻上司的痛苦，帮他们消除恐惧感，让他们放松心态。

你是管理者，不仅要向下管理，也要向上管理。面对上司时，你绝不能：

- 威胁；

- 篡权；

- 恐吓；

- 逼迫；

- 胁迫；

- 不尊重对方；

- 质疑对方（有别于法则 81）；

- 暗中破坏，削弱他们的权威；

- 嘲讽。

相反，你应当支持、鼓励、安抚、劝解，为他们打气，帮他们减压，成为可靠的帮手，协助解决问题，保护他们。最终，你有可能取代他们。

　　有些惊恐过头的上司可能无法做出决断。你只能替他们做出决定，向他们保证一切安好——这种情况下，你就成了护士，让他们可以安心躺下来。

> 你需要减轻上司的痛苦，帮他们消除
> 恐惧感，让他们放松心态。

RULE 83

法则 83
避免思维受限

当手头有数不清的工作等待着我们时，我们很容易就会把创新、走在时代前沿忘在脑后。这是人之常情。因为过度关注眼前的工作，我们忘记了自己还有创造、激励、引领、鼓励和肯定他人的作用。团队成员带着新创意找到你，但是被官僚主义、陈旧的体系、天气甚至糟糕的通勤状况折腾得筋疲力尽的你，可能会不顾具体情况而一概拒绝。拒绝的潜台词通常是："别打扰我，我太忙／压力太大／脾气暴躁，现在没空考虑。"你是这样的人吗？我猜有时候你会有这种表现，大家都一样。

我们需要摆脱思维的局限。不要再埋头于眼前的工作。我们应当考虑不同的选择，思考"为什么不呢？""如果这样做会发生什么？"我们应该摆脱压力和工作带来的限制。

摆脱限制的一个简单方法，就是以局外人、第一次接触这份工作的身份去看到自己的工作、部门和团队。你会做出什么改变？会放弃什么？从客户的角度看待自己的工作——哪些做得合理？哪些不合理？

我们很容易陷入终日的琐碎工作之中，无法以新鲜的视角从大局观察自己的工作。若想成为有史以来最优秀的管理者，我们就必须与时俱进，否则就会像恐龙一样灭绝。与时俱进意味着对任何创意、建议、理念和发展方向都要保持开放的态度。

因为过度关注眼前的工作，我们忘记了
自己还有创造、激励、引领、鼓励和
肯定他人的作用。

法则 84
融入团队

在你真正成为他们中的一员前，你应当练习成为他们中的一员。如果你是初级经理，为了成为中层管理人员，你需要学习他们的说话和行为方式。假如已经成为了中层经理，你应该像高级经理那样说话和行动。以此类推，直到进入最高层。

最初成为一家公司的管理主管时，我差点忘记这个法则。我还是像高级经理那样做着管理工作，但销售额并没有预期那么好。我负责的是企业销售，可我总是无法和正确的对象面谈交流。我在其他地方看过一种说法：国王只和国王聊天。我已经成了国王（把管理主管换成国王，你就懂了）。意识到这个问题后，之前关闭的大门瞬间打开了，销售额也很快超过了我的预期。

如果未来想做国王，最好现在就开始练习。观察职位比自己高的人是如何做事的。观察他们如何接电话，怎么和员工说话，研究他们的穿着，看他们读什么报纸、如何上班，了解他们上班时做什么以及如何工作。

最近我遇到了一家特大企业的管理主管，他对待下属友好而轻松的态度给我留下了非常深刻的印象——他也很受下属的推崇，他可以发自内心地放松也让我很惊讶。但是开始谈判后，他立刻进入状态，各种事实和数据信手拈来。我仔细观察了他，因为他就是我的下一步目标。他就是我的"他们"。

不管坐到多高职位，都不要扬扬自得、目中无人。

假如已经成为了中层经理，你应该像高级经理那样说话和行动。

法则 85
如果心存疑虑，就提出问题

　　为什么我们不多提问题？是因为担心被别人看作知识不够丰富吗？实际上，经常提问题的才是最聪明的管理人员，他们无一例外地获得了巨大收益。这不是为了特定目的而采用的特定策略，而是一种一般性的方法，可以从多个方面起到好作用。

　　首先，多提问题可以让你更了解自己的团队。"为什么你觉得我们的方法错了？""你认为是什么原因拖慢了结算流程？""你会怎么说服这个客户？"说不定你能得到自己从未考虑过的解决方案。你也在鼓励他们发表观点、提出建议或者提供新创意。

　　当一个人陷入困境时，提问是最经典的解决问题的方法。如果不相信我，你可以看看被咄咄逼人的记者追问时政客们的反应。提问几乎成了标准化的回答方式。如果上司让你解释复杂问题，你可以用"你怎么看"或者"这是客户告诉你的吗"来回答。至少你可以多争取一点时间，说不定你还能套出更多的有用信息。

　　提问也是一种极好的方法，不直说对方荒唐也能表达出这种感情。面对不称职的上司时，这个方法尤其好用。与其做出"那种做法不可能有用"或者其他可能惹人生气（即便你是好

意）的回答，还不如提出"你希望得到什么结果""你认为设
计团队会怎么解决这个问题""这个方法可以从哪些方面改善
我们的表现"或者"你觉得这个方法对销量会有什么影响"等
这些问题。

只要态度友好、语气温和，你不太可能因为提问而冒犯对
方。与此同时，这是一个非常有效的方法，能够引起他人关注
计划中的漏洞，也能让你在没有明确指责对方的情况下让他们
自责不已。

新事物出现时，人们自然会产生疑问，进而提出问题。可
一个经理在项目进行过程中不断提出高难度问题、确保不遗漏
任何细节，这种情况就少见多了。不过从现在开始，这就是你
的努力方向。不论提议是被接受还是被拒绝，太多的人在那之
后只是放任自流，不再努力。出了问题自然有人解决，可如果
不断提问，那么你很有可能在问题爆发前就有所察觉。

> 只要态度友好、语气温和，你不太可能
> 因为提问而冒犯对方。

法则 86
表现出理解下属与上司观点的姿态

做下属很难——谁都有过这种经历。你会接到很多人下达的很多命令，有些下达命令的方式甚至会让你感到愤怒。

说实话，即便做了经理，情况也未必好转。现在，你被夹在了中间。你既要接受下属的激烈批评，也要忍受主管领导的疯狂指示。你不是最底层的员工了，可你也没进入最高层。你就像三明治里夹在中间的那片火腿，要接受来自两个方向的压力。

减轻压力的好方法之一，就是让上下双方都明白，你能理解他们的观点。不要只是微笑着说："没错，我明白你的意思。"说这话时，显然你不明白。你必须保证让他们知道，你能理解他们的需求，了解他们的委屈与要求、恐惧与希望。不管对上司还是下属都是如此。

压力越来越大时，有时候你需要和上司统一立场。当你认同上司时，下属必然会愤愤不平，他们不欢迎任何改变（尤其是他们无法理解的改变）。这时你应该让他们敞开心扉、谈论自己的感受。告诉他们你能理解他们的感受，并且对上司的做法尽力做出解释。

假如你是一个真正优秀的经理，总有一天你能学会把下属的观点用上司能够理解的方式解释给他们听——反之亦然。如果你能让下属理解上司某些没有考虑他们最大利益的做法，用管理天才来称呼你大概也不为过了。

减轻压力的好方法之一，就是让上下双方都明白，你能理解他们的观点。

法则 87
增加价值

很多年前我看过罗宾·戴伊（Robin Day）主持的一期《质询时间》（*Question Time*），他向讨论小组的一个成员提出了一个问题。这个人回答："我只能重复之前的回答……"罗宾·戴伊这时突然打断了他的回答，说道："好吧，那你不用说了。"然后不管第一个人的震惊，转而向第二个人提问。

戴伊喜剧化的时机选择给我留下了深刻印象，但更重要的是他流露出来的态度与情绪。如果没什么可补充的，还有必要说下去吗？可人们总是在做这样的无用功，总是重复过去说过的话。他们只是换了一种说法复述之前的说辞。他们说的都是些没有意义的废话。为什么会这样？为什么他们觉得这种做法有意义？若是没有建设性意见，何必要求他们出力？

听着，如果你希望真正得到尊重，你就应该仔细听别人的谈话，认真阅读收到的信息，调查背景信息，独立思考，最终形成一个有事实、有数据支撑的观点。最重要的是，你应当思考出一个有创意的解决方案，或者是有全新的提议、原创方法或者建设性理念。想不想给其他人留下深刻的印象，全看你自己了。

有一个好方法，开会时认真听每个人的发言，按照发言的有用性从 1 到 10 进行评分。这个方法可以帮助你更好地了解周围的同事，你会发现，得分高的人通常都是成功可能性更高的人。

只能说些无关痛痒的话的人，他们不仅仅是不能做出贡献。实际上，他们是在积极地浪费其他人的时间。我参加过这种会议，如果打断所有废话，会议时间就能缩短数小时。追随别人说废话不是遵守法则，千万不要这么做。你需要成为制定标准的人，即便其他人不能达到你的标准，你也不能放弃。也许有些同事注意不到，但上司肯定会意识到你是一个有见地的人，你总能做出有价值的发言。

如果真的说不出有用的话，或者提出意见后又被问到同样的问题，这时该怎么办？拒绝评论就是了，礼貌地表示自己没有（更多）可以补充的意见。

> 你需要成为制定标准的人，即便其他人
> 不能达到你的标准，你也不能放弃。

RULE 88

法则 88
不要退让，做好坚持立场的心理准备

有时候，你敢肯定自己的想法是正确的。这种时候，你需要坚定立场。你需要做好心理准备，要么维护自己，要么沉默闭嘴。你要做好为自己的信仰斗争的准备。如果热爱自己的工作，那么维护自己认为正确的观点并不是一件难事。

不必咄咄逼人，立场坚定便足够了。如果被欺负了，那就大声说出来——欺负你的人很有可能迅速销声匿迹。

你不必态度粗鲁，只需要坚决、自信。如果有人宣扬有关你、你的团队和你们的表现的不实传言，你需要阻止流言的传播。明确地表达自己的态度："我知道你在散布什么流言。这是假的，我希望你不要再这么做了。"

你无需愤怒，只是要极有自信、做好万全准备。假如有人总是找茬，说什么："哦，那没用，我们以前试过，失败了！"你该坚持立场，不退让。你应该回答："没错，这些数据证明你们确实失败了。但我的报告解释了为什么这一次能成功，以及这次和上次的区别。"

你也不必非争得一个被炒鱿鱼的结果，充满斗志足矣。如果上司总是不给你合适的反馈，那就埋头苦干。提出问题，"下一次怎样才能表现得更好？我需要做什么，才能满足我希望却

被你驳回的加薪请求？一年后你觉得我会是什么状态？我们该怎么做才能提高销量？"不断施压，直到对方给出合适的回答。

你也无需做一个好争论的人，学会调解就是了。如果上司暗示你钻法律的空子，不要直白地拒绝、引发争吵。你应该说："啊呀，如果这事被媒体知道了怎么办？"你没有直接拒绝，但是却坚持了立场，没有附和他们的意见。与此同时，这也给他们找了一个台阶。他们不必为了表明态度、把个人意志强加于你，反而可以在保存颜面的前提下委婉地选择退让。

> 不必咄咄逼人，立场坚定便足够了。

RULE 89

法则 89

不要玩弄权术

政客才是整天玩弄权术的人，你不是。你只是个管理者，你管理的是局势和项目。你不需要控制其他人，他们完全可以自我管控。有些人有时候可能会偏离正轨，玩弄政治手段，你没必要和他们同流合污。这就像在铁道上打闹一样，受伤是必然的，被火车撞上也是必然的。玩弄权术本质上是利用他人满足个人需求，如果这种事情做得好，你就会变成一个招人讨厌、自私、狭隘又小气的人。玩弄权术必然涉及威胁他人、要诈，用欺骗或其他不诚实的手段做事，不做真实的自己、对人不真诚，言谈举止令人作呕。我说得很明确了，我认为玩弄权术的人就是招人讨厌。

你应当"爱你的邻居，但要挑选居住的社区"。试着多和那些不爱折腾的人在一起。

试着参与不那么主流的项目，这样不会吸引过多关注，竞争压力相对较小。不那么热门的团队和部门也是一个道理。你既可以充分展现个人能力，又不必时刻都在担心外界的竞争。每家公司都有没遭遇过背后中伤的人，多和这样的人在一起。

一定要分享信息。面对那些喜欢玩弄政治手段的人，这其实是一种先发制人的策略。和每个人都做朋友，这样就不会有人指责你搞小团体，也不会有人说你高冷。

尽管不主动玩弄权术，你还是需要有防备心。你要明白办公室政治无处不在，如果麻烦找上门，你要做好合理应对的准备。小心背后的阴谋，了解其他人真正的目的。注意自己是否遭到了诽谤，是否有人传播了有关你的谎言或者八卦，关注平时可能不太注意的细小变化和信号，关注办公室权力争斗和流言蜚语。幸运的话，你可能不会遭遇这些麻烦，即便有人这么做也会迅速被打压。但有些行业容易滋生这种糟糕的行为，你需要挺身而出，制止类似的行为。拒绝参与其中，为自己赢得心直口快、不关心办公室政治的名声——做一个诚信、坦诚、心胸开阔、厚道而直接的人。心思没必要那么复杂。

> 每家公司都有没遭遇过背后中伤的人，
> 多和这样的人在一起。

不要诋毁其他经理

我们在前面说过，竞争可以让你拥有更多动力、可以鼓励你，永远不要害怕竞争。我们也讨论过来自其他行业、其他机构的竞争。

可来自同事或者同一机构内不同部门的竞争呢？道理是一样的。不要害怕任何人、任何事。如果你拥有出色的工作能力，大胆、创意十足、反应速度极快——我相信你就是这样的人——那你自然没必要感到恐惧。拒绝参与办公室斗争，你会被视作诚实而值得信任的人。绝不要批评、抱怨、诋毁、谴责、评判其他部门的同事，不要发他们的牢骚。

如果说了同事坏话，你在别人眼里就成了一个软弱、工作能力糟糕的同事。有些人有些时候靠这种方法确实能得到一些好处，这毫无疑问。可他们能安心入睡吗？他们敢拍着胸口、发誓自己享受到了工作的乐趣吗？难道他们不害怕别人报复性地背后中伤自己吗？我觉得答案是否定的。我合作过的同事中，有不少这样的人。他们反复念叨自己有多厉害、其他人有多无能，可他们是心虚的，他们知道自己并不比被他们批评的人更好。

别人指出你的错误，并不等于你就不是穿"新衣"的"皇帝"，对吧？如看到其他"皇帝"穿上了"新衣"，告诉他们被骗了其实没有任何意义。没人会因此感谢你。

我见过一个经理，他没完没了地抱怨其他经理。有意思的是，他指出的每一个问题，他犯的错和别人一样多。我们都在笑话他，因为这个事实谁都知道，只有他浑然不觉。他完全没意识到他是在放大自己的错误。

> 拒绝参与办公室斗争，你会被视作诚实而值得信任的人。

法则 91
分享知识

这条法则的核心，就是点拨知识不如自己丰富的人。他们知道得太少、你知道得太多，这种不平衡不是好现象。把自己的知识全部分享出去，他们懂的就和你一样多了。

有些管理者以为这是一种威胁，这些人其实才是蠢货。你不过是训练了一些人，让他们减轻了你的工作压力。当你升职时，其他人有能力接你的班。

有些管理者不愿意分享，他们觉得自己懂的并不多。打个比方，在学校学英语时，你的老师只要懂得语法、断句、标点符号这些就够了。你不需要获奖小说家或诺贝尔文学奖获得者做老师，一个普通的英语老师就够了。

你应该和自己的团队分享什么呢？很简单，任何有助于他们更好地完成工作的知识：信息、策略、计划、技能、创意、阅读资料、合同。尽全力不断为他们提供必要的工作，帮助他们提高能力和价值。

和同事分享知识也很重要。分享得越多，收获得越多。假设你和 20 名经理分享了一部分信息，如果半数足够慷慨，愿意回馈你的好意，你就能得到十份有用的信息。他们只得到了一份，而你极为轻松地得到了十份。他们愿意和你分享，但他们彼此并不会分享——别问我为什么。也许他们觉得欠了你人情，却不欠其他人人情。

> 有些经理以为这是一种威胁，这些人
> 其实才是蠢货。

法则 92
不要威胁他人

　　做到经理的位置，意味着拥有权威和权力。而这可能就是你这样的优秀经理与糟糕经理之间的区别。你知道如何掌控、却不滥用权力。

　　其他人会敬仰、尊重甚至害怕成为经理的你。你有权解雇他们，有权检查他们的工作，谁都知道你有什么权力。但你必须试着改变这种形象，而方法就是让其他人更加信任你。你的行为与反应应当前后一致，这样其他人就知道做什么事你会有什么态度。不要搞突然袭击，不要让别人感到害怕。绝不能用威胁、恐吓的方式滥用职权。

　　有两种方法可以让别人完成工作，一是恐惧，一是奖励。很多经理都选择了第一种，因为他们不够自信，没有安全感。和你不同，他们找不到内心的平和，外在表现就是威胁或者欺凌下属。这种人其实很可怜——如果有这样一个上司，我们应该想办法让他们变得更好。你也许不经意地把这本书放在他们可以看到的地方？

　　很多经理不知道，他们对待下属的态度，就是下属间以及下属对待客户态度的标杆。如果有一个友善、合作精神强、愿

意回报努力工作的人且有自信的经理，他的下属也会以同样的
态度面对彼此和客户。

采用这个方式，不仅工作难度会降低，工作效率也会提高。
谁都愿意在一个能够得到回报而非恐惧的地方工作。

> 谁都愿意在一个能够得到回报而
> 非恐惧的地方工作。

法则 93
不参与派系争斗

有一段时间，我需要同时为两个上司工作。他们都是公司的主管，彼此仇视，每个人都有自己的小算盘。两个人都恶毒地攻击对方，而我们这些低级别的经理和其他员工就成了他们的走卒、棋子和炮灰。这当然不会是愉快的经历。他们有各自分管的领域，如果只参与其中一个，自然没有问题，你只需要向一个上司汇报就可以。可如果像我一样，干的工作经常涉及两人交叉的领域，自然痛苦不堪。

两名主管总是宣布对方的命令无效，暗地里使阴招，见面连话也不说，就像两个熊孩子一样。我只能迅速适应，试图左右逢源。对一个人是一种做法，对另一个人就是另一种做法。我只能两头奔波，停在中间地带，直到两个人都忘了到底在争执什么。我也学会了如何以其中一个人为借口在另一个人那里得到我想要的结果——这种做法其实不怎么好。

那就是最坏情况了。在我工作过的其他公司也存在部门间的激烈竞争，由此影响了工作效率，使得员工焦虑不安，最终导致员工的大量流失。你大概以为主管会制止这种情况，但在我前面举的第一个例子里，你会发现连高层主管也不乏蠢货。

不要重蹈覆辙。我的建议是，不要参与任何派系的争斗。不管面对谁，都应当坦率而诚恳。你自然能赢得好名声，不会受到其他人"阴险"的指责。

连高层主管也不乏蠢货。

RULE 94

法则 94
表现出为团队抗争到底的姿态

不论具体工作内容是什么，团队都是你完成工作的工具。没有团队的支持——团队成员从一个人到几千人不等——你什么也不是。没有团队支持，你就是一张待写的空白页。你必须支持团队成员，鼓励他们，为他们抗争；如有必要，至死抗争。优秀的经理——是谁现在不必再说了，对吧——总能激发下属的忠诚感，作为团队最大的啦啦队员受到尊重。没错，这就是你。

你需要让团队成员意识到，你不仅是他们的导师、领袖、向导和保护人，你还是他们最大的声援者，是他的英雄，是捍卫他们的人。有人批评他们，你必须站出来为他们辩护；有人想占他们便宜，你必须保护他们。

当然，你也可以弃他们于不顾，把他们扔进狼群，看看能得到什么结果。有不少经理却认为这是个聪明的方法，是正确的选择。你怎么认为？我和这样的人合作过，相信我，他们很快就会失去人心。

如果下属看过你为他们辩护，他们就知道你值得信任，知道你会把他们的利益放在心上。如果出现不公平，他们知道你会维护他们。同时这也意味着，如果你选择接受，他们很有可能也会选择接受——每个人的生活都会更轻松。

没有团队支持，你就是一张待写的空白页。

RULE 95

法则 95
致力于受人尊重，而不是受人喜爱

说真的，你是不是烦死了那些总想做你闺蜜或者兄弟、硬要跟你做朋友的经理？这种人我们都见过，让人不知道该怎么吐槽。这种人不仅自己尴尬，也会让整个团队无语。我们应该定下更高的目标。应当致力于受人尊重，而不是受人喜爱。既然想让下属拼尽全力，那就不要虚情假意地做出友好姿态。你的目标应该是被他们视作上帝，别被当成了大卫 · 布伦特[1]。

你需要营造神秘的氛围，变成力量的象征，塑造权威、友好但又不迫切需要被人喜欢的形象。你需要保持一定程度的"与世隔离"。

有时候你必须下狠心炒某些人的鱿鱼，没必要让自己过得那么痛苦。

有时候你必须给某些人升职，被人看成偏爱某些人就不好了。

你需要让下属仰慕你、尊敬你，你需要成为他们的榜样。如果你每周五晚上都去酒吧喝个烂醉，躺在地板上的样子被他们看见，你自然无法赢得他们的尊重。如果关系过于亲密，你

---

[1] 大卫·布伦特是英剧《办公室》里滑稽可笑的总经理。——译者注

自然无法营造神秘的氛围。保持一定距离，他们不会认为你冷漠，反而会感谢你留出的空间。

身体上保持一定距离也有必要：不要拍人后背、拥抱、亲吻、揉人头发（以前我的一个经理就喜欢这么做，我讨厌这个动作，也讨厌他，我的年轻不是他做这种动作的借口）、掰手腕（你可能会输，输了就会失去别人的尊重，相信我）、在办公室里踢足球，也不要出现任何激烈的肢体接触。时刻保持自己的尊严——保持风度，保证可信度，维持理智和权威的形象。

> 你需要营造神秘的氛围，变成力量的象征。

RULE 96

法则 96

做好一两件事，避免其他事

真正优秀的经理都是某方面的专家。你不可能事事亲力亲为，不可能包揽其他人的工作。每天你至多做好几件事。挑出自己擅长的项目，剩下的工作交给其他人。我的公司里，每个人的职责都非常明确。我尽可能让自己少做事情。在我看来，越是优秀的经理做的事情越少；重要的是，你有委派工作给其他人的权力。

所以我坚持只做自己擅长的事，也就是和其他经理交流。我不做销售，但我的大门永远对销售人员敞开。我不负责大客户，但我会帮助主要负责人员建立和客户的联系，我也会监督会计人员的工作。我的"一两件事"就是召开团队会议分配工作，监控公司的经营风格——比如品牌策略、企业形象和市场地位。我管理公司，但不负责产品。

我知道自身能力的局限。我明白自己的特长和缺陷。我不擅长细节、例行公事、条理和日常工作；但我擅长解决突发事件、非传统问题，在临时出现的有趣问题上表现出色，也善于应对人情世故。我不认为自己擅长的事情更高端，也不觉得自己不擅长的事更低端。事实上正好相反。我羡慕有条理的人，嫉妒那些关注细节、能够从头到尾做完一个项目、办公桌干干净净的人。

你擅长做什么？又不擅长做什么？你会如何描述自己能做好的一两件事？

> 挑出自己擅长的项目，剩下的工作交给其他人。

RULE 97

法则 97
征求他人有关自身表现的反馈意见

　　一般来说，我们不会四处寻求他人的认同，因为我们可以追随自己的本能，工作做得好时，其实我们心里门清。不过征求反馈意见从来不是坏事。你应当征求同事、对头、团队成员、上司和客户的意见。你不是在寻求表扬、认同或别人的爱，提出意见就足够了。记住，低到清洁工高到 CEO，你和所有人都是一个战壕里的战友，理论上你们拥有相同的目标，挥舞着同一面大旗。

　　征求到反馈意见后，你应当：

　　• 明确自身优点和缺点；

　　• 对比反馈意见和自己的评估——确保自身没有偏离正轨，能够客观评估自己；

　　• 从错误中学习经验教训——下一次争取做对；

　　• 明确出现问题、需要负责的地方；

　　• 除了了解更多与自身有关的信息外，也要收集团队表现有关的信息。

　　这些与表扬、认同（或者爱）都没有关系。这只是从一个状态或项目实事求是地评估，以便吸取经验教训，以后做得更好。

如何征求反馈意见呢？询问团队成员意见的难度并不大，"各位，我们做得怎么样？"他们会直接说出各自的想法。

接下来是上司，"老板，我做得怎么样？"没什么难度。

客户呢？也没多少难度。"我们在服务／产品／配送时间／规格／报价上还有需要提高的地方吗？"他们也会把想法直白地告诉你。

至于同事？"选址这事，你能给我点意见吗？""你觉得我们（你的团队）的展示做得怎么样？""关于削减成本计划／新会计流程／暑期人员编制／新主题公园游乐项目，愿意提些意见吗？"类似的提问都没问题。但不要说下面的话，"能告诉我哪做错了吗？""我知道选址这事搞砸了，但我不知道我们哪做错了。""帮帮我行吗，我做错了，但没人告诉我到底哪错了。"这种说法更糟糕。先不要透露自己对情况的评估，让对方告诉你其中的优点和缺点。你只需要点头，说声"谢谢"，再做改进。

> 让对方告诉你优点和缺点。你只需要点头，
> 说声"谢谢"，再做改进。

法则 98
维护良好的人际关系和友谊

我的一个朋友有一句口头禅，"大家不都是这样吗？"他还喜欢说，"我不知道什么才算是礼貌。"每次说这话时，他就像开会时被人顶撞或者被人剽窃了创意一样。我之所以喜欢举这个例子，是因为这是糟糕的工作关系的最典型代表。礼貌——多么简单的理念，又是多么宏大的主题。

如果懂得良好的礼仪，维护良好的人际关系和友谊便不是难事。你不需要帮人开门或者替人拿包，良好的礼仪指的是礼貌而客气、态度温和、通情达理、愿意帮助他人、热情周到。愿意或者理应为客户做的事，都算是良好的礼仪（我相信你在这方面做得很好）。

面对不喜欢的、过去发生过冲突、粗鲁对待过你或者让你产生不愉快感觉的人，这个问题会变得棘手一些。可正是在面对这些人时，这个技巧才最重要。

如果你能笑脸相迎、敞开心扉，即便是最粗鲁、最招人讨厌的人，也不可能一直粗鲁下去（如果你愿意奉承一下他们的专业技能就更好了，当然，你得说实话）。

尽量把同事看作和你一样热情的人。用积极乐观、愉快的态度对待其他人，你会发现他们别无选择，也只能用同样乐观、愉快的态度对待你。如有必要，伸出援手。和其他人交流时，把他们视为和自己地位平等的人——这也是事实。寻找其他人身上的优点——寻找值得喜欢或尊重的特点，关注这些就够了。平等地对待最普通的员工和级别最高的员工，一视同仁，尊重他们。

> 用积极乐观、愉快的态度对待其他人，你会发现他们别无选择，也只能用同样乐观、愉快的态度对待你。

法则 99
在你和客户之间建立互相尊重的关系

有一天，我在广播上听到一个销售人员谈论他的客户，他说话的方式让我觉得，他和客户根本就是两个星球的人。他展现出一种居高临下的傲慢态度，谩骂、贬低、讽刺客户。他似乎觉得欺骗他人的这种做法没有问题——他说，如果我们不傻的话，查看合同上的小字是我们的责任。

因为这种态度，我一点也看不上这种人；更烦人的是，他们总会在晚上我和孩子一起吃饭时打电话给我。我有很多办法"惩治"这种人，比如装聋、逼他们大喊大叫，跟他们说得跟我父亲谈，然后把电话放在一边，直到他们觉得无聊主动挂电话为止。

不要欺骗客户，不要对他们说谎。你需要他们，这是一段重要的双向关系。永远不要嫌客户事多。有了他们，我才吃得起饭，买得起衣服和好车，才有钱出门度假。为什么要恶劣对待他们？相反，我会取悦他们，给他们带去快乐、高质量的产品、能让他们感到骄傲的品牌，我会提供他们愿意接受的风格，让他们产生归属感，让他们融入到充满活力和兴奋的环境中。我尊重他们的付出，他们也尊重我的努力。

不要欺骗客户，不要对他们说谎。

你需要他们。

法则 100
为客户再多出一份力

这是最简单的一条法则。不管是夜晚入睡前还是早上醒来时，为客户多出一份力应当是你的第一个念头。无论具体做什么，都应该牢记更好地服务客户这一目标。

问题在于，客户有时候真的招人讨厌。他们的要求又多又高，他们会抱怨，会在不合适的时间打来电话；他们总希望得到最优质的服务，他们以为整个行业都该围着他们转；我们把客服中心搬到印度时，他们怨声连连；他们总希望打折、得到免费赠品、买二送一、买一送一；如果不满意，他们希望退款、置换或者保修；他们希望我们去做安全检查，给他们送上没有任何危险的产品。我的天啊，他们以为自己是谁？这种感觉很熟悉吧？你也遇到过吧？我工作过的一些行业，客户确实很爱找麻烦。

我们需要澄清一个问题。没有客户，等于没有一切。没有客户，就没必要上班，没必要生产，没必要创造，没必要做任何事。没有客户，我们只能自娱自乐，吹口哨壮胆。

我想你应该明白我的意思了。既然已经意识到客户的重要性，我们就需要想办法获得、留住、满足、欢迎他们、为他们多出一份力。我们不需要奉承献媚，但是在争取他们的过程中，我们需要发挥创造力。为现有客户服务的成本远比招募新客户低，而留住现有客户的方法，就是友好地对待他们。可以试试这个小练习：现在就想出三个为客户多出一份力的方法。

没有客户，等于没有一切。

法则 101
明确自己的责任

作为经理，你需要对团队成员负责。你要保证他们不会在你的监管下受伤。你要确保他们的安全和健康，保证他们得到照顾，衣食无忧。你要为他们创造一个舒适的工作环境，让他们远离有害物质与设备。如果不得不接触有害物质，你要保证他们能穿上安全服。

这也应当是你对待环境的态度。你不能做出有害环境、可能造成持久损害、置他人健康与生命安全于危险之中的行为，不能以比过去更恶劣的方式利用土地。你不需要成为环保斗士，但你确实有不造成伤害或损伤的责任。你敢摸着胸口保证自己的管理工作"干净"吗？

你必须确立一些原则——比如不造成伤害。你必须有一条绝不会跨越的底线。你需要回馈社会，需要对周围发生的一切都做到心中有数，也应该知道自己所在行业对环境的影响。

这不是童话，不是嬉皮士或者相信因果报应的宗教提出的概念，这就是现实。投入越多，得到的回报越多。做个好人，好让自己每晚都能安心入睡。平淡而安定的生活不是坏事。

你敢摸着胸口保证自己的管理工作
"干净"吗?

法则 102

永远诚实，说真话

这条法则与上一条密切相关。当然，即便你真觉得上司是个蠢货，也不该直接跟他们说这种话——那是诚实过头了。但是不要说谎、不要欺骗他人，不要盗窃、占便宜、诈骗、滥用职权，不要妨碍别人或者做更差劲的事。

成为管理者，意味着你拥有特权，这代表着信任，是一种荣誉。你要为他人的生命负责——没开玩笑，确实是其他人的生命。你搞砸了，别人就会受伤。在你的领导下做完一天的工作，回到家里的他们还要继续生活、关爱家人，他们会受伤，也会有梦想和希望。让他们失望、冒犯他们、虐待他们、对他们说谎，把这些情绪带回家的他们自然会影响到他们的亲朋好友。你应当诚实地对待他们。如果说不出好听的话，那就不要说，但绝不能说谎。

不要对上司说谎。这不是他们雇你的目的，他们希望你说实话，说出真相。如果达不到指标，不要掩盖问题，把事实告诉他们。他们可以进一步考虑到底是帮助你还是处罚你，因为没能达到指标会产生连锁反应。也许他们会感到失望，但他们也会感谢你主动提出警告。相比满怀希望、最终以失望收场，谁都希望提前了解真相。

不要对客户说谎。不过如何讲出事实，也需要一定技巧。如果客户问你们的产品是否优于竞争对手，你当然不需要说谎，显然是你们更好——否则你就该为竞争对手工作了，不是吗？可如果他们询问具体产品是否取得了成功，如果没有，你就可以发挥创造力，换一个角度陈述事实。比如，"目前的销量在我们的意料之外，但总有进步的空间。"再比如，"确实有点积压了，但我们希望您能帮忙减少库存。"

成为管理者，意味着你拥有特权，
这代表着信任，是一种荣誉。

法则 103

不走捷径——别人总会发现的

也许你在制造飞机，你会走捷径、偷工减料吗？在机翼上使用不合格的金属？把引擎换成垃圾场废物？我不觉得你有这个胆量。很快就会有人戳穿你。现在社会上有一种趋势，如果客户因为使用了有瑕疵的产品（无论是因为设计还是制造缺陷，或是因为削减成本导致产品瑕疵）而受伤，公司管理层就会被告上法庭。成为被告也是自作自受。如果我们需要为工作承担个人责任，我相信世界会变得更加美好。吐槽结束。

也许你不制造飞机，也许你不生产任何产品。也许你只负责为电脑安装程序，听上来轻松又安全。不会伤害任何人，对吧？真的？你确定？认真想想。做好最坏的打算。我们需要明白，不管做什么经理，如果其他人受伤、失望甚至被害，或者其他东西受到损害，我们都要做好负责的心理准备。

走捷径并不划算，你总会被人识破，也就是索德定律。我知道有时你会陷入两难的境地，上司让你做某事，但你的原则不允许你这么做。可你需要这份工作，需要还房贷。沉默不语、装作一切正常似乎更简单。事实绝非如此，你的伎俩必然会被识破。

你需要想尽一切办法向上司证明，走捷径实际上只是在浪费时间。"如果媒体记者发现了真相，怎么办？"这一经典说法总能起到很好的作用。询问公司是否有保险，或者法务部门对削减成本的态度，也能起到不错的效果。如果对方的回答是："我还没这个工夫问他们的意见。"你可以拍拍脑门大喊："老天啊，你真是太疯狂了。"利用幽默让对方意识到他们过分了，引导他们重新思考。

> 如果我们需要为工作承担个人责任，
> 我相信世界会变得更加美好。

法则 104
寻找合适的决策咨询人

　　管理是一件很有难度的工作。尽管有时一切顺利，但早晚有一天你会遇到棘手的问题——应对困难局面，寻找解决特定难题的最佳方案，确定如何才能更有效地使用预算。

　　你需要额外的头脑，也就是决策咨询人。这种人必须理解问题的本质，所以最好是同一家公司的内部人士。另一方面，你不该和低级别的同事讨论重要问题，特别是还涉及其他经理时。可有时候你也不愿意和上司讨论问题——如果上司就是问题核心，那就更不该和他们交流了。

　　寻找合适人选是个比较麻烦的过程，更重要的是，你必须特意寻找可以交流的人。否则你就会发现，有些挑战的难度过大，而沮丧有可能导致你和错误的对象进行交流。

　　最佳人选一般是属于不同部门、级别与你相当的高级经理。你需要一个心思缜密、值得信任的人，你尊重他们的判断，他们也愿意抽时间与你交流——没时间自然也起不到作用。最理想的状况还是双方能够相互扶持。互相支持对方能让信任的天平更加平衡。如果必须分享秘密，他们自然不会向你的上司告密。

　　你不必把决策咨询人局限为一人，但是和太多人分享工作中的保密内容也不会产生好的效果。即便对方能够保密（这几乎是不可能的），但你最忧虑的事和最大的弱点不再是秘密，这自然不是你想要的结果。也许你会发现，有些身份相当的人可以成为咨询对象——可能一个人擅长处理人际关系问题，另一个拥有良好的大局观。有时候组织外部的人能够更清晰地描述现状，他们不会像你一样需要处理那么多细节，看不清大方向。也许你的伴侣、密友、母亲或者前同事能够扮演这一角色，他们能让你从不同的角度看待问题。

> 你需要一个心思缜密、值得信任的人，
> 你尊重他们的判断，他们也愿意抽时间
> 与你交流。

RULE 105

法则 105
掌控局面

　　你是经理，管理是你的本职工作。正如字面意思，管理就是管与理。管好自己与他人，更有效率地工作；理清个中一切，掌控全局，想办法成为领导者。

　　现在有一种不好的趋势，经理害怕发号施令。因为害怕被团队成员厌恶，或者担心被指责为独裁者，他们似乎不愿意管理。现实完全不是这么一回事，拥有优秀、强势、有权威的领导，团队成员知道有人掌控全局，这样的团队才能走得更远。没有船长，我们就像散落在海面上的惊恐的船只一样，随时可能撞上岩石。某种程度上说，有什么样的船长不重要，只要有一个掌舵的船长就可以了。谁都知道，真正开船的是大副。所以船长到底是什么样的人并不重要，但必须有这么一个人，大副才能正常工作。

　　你必须成为团队的英雄，成为上司的优秀助手。你必须具备以下古老却优秀的品质：

- 可靠；

- 可信赖；

- 强大；

- 忠诚；

- 坚定；

- 专注；

- 有责任感。

说实话，这些要求相当高，但回报也是巨大的。如果能正确应对、遵守法则、保持诚实心态，经理就是一份绝好的工作。

拥有优秀、强势、有权威的领导，团队成员知道有人掌控全局，这样的团队才能走得更远。

法则 106
人情练达

　　我当然不希望你成为公司里的"阿谀奉承之人"，可你必须善于交际，通权达变。供职的公司有时能逼得你抓狂，有时也能让你无比幸福。如果能远离办公室政治和背后中伤，无论你在哪工作都没问题。每家公司都是既有好的一面，也有坏的一面，这就是现实。只关注好的一面，不管怎么说，能聘用行业内最优秀经理人之一的你，说明他们还是很厉害的，这值得骄傲。

　　无论去哪，无论做什么，记得为公司说好话，你会感到更加自豪。毕竟，没有什么比自豪更能激发自豪感的了（就像恶毒只会激发更多的恶意一样，只不过正好相反）。

　　如果有人向你投诉，耐心倾听，并告诉他们你会在调查后反馈他们。不要只是说，要真的去调查。

　　人情练达，意味着你会考察公司——进而提出疑问，我在这里工作得是否开心。如果能得出正面回答，你就是已经在为公司骄傲了，那自然再好不过。如果心存疑虑，你就需要在继续工作前认真反省了。不要立刻放弃，也许留在那里你能起到更大的作用，从内部去改变它。

　　正如愿意为客户多出一份力一样，想办法为你的公司多出一份力。你不需要唯命是从，变成跟班甚至狗腿子。强大、骄傲、独立、有反抗精神，和人情练达并不互相排斥。

> 人情练达，意味着你会考察公司——进而提出疑问，我在这里工作得是否开心。

第三篇

致创业者

如果这个阶段你开始考虑或者计划开办自己的公司，我希望你已经牢记前面提到的各种法则。别急，还没完。我还有一些额外的法则，专门适用于创业者。

运营自己的公司和为别人工作时的心态及思维方式完全不同。你需要理解不同的事物，比方说过去完全不需要考虑的财务、生产或者销售环节。除此之外，你还需要从全新的角度来看待自己的公司。

创办企业是一件既刺激又让人兴奋的事，理应如此，至少这是我的体验。我们很容易沉浸在研发新产品、推出新服务或者开拓新市场的活动中，这无可厚非。可与此同时，你的管理头脑必须保持清醒，同时（迅速）学会忘记经理的思维方式，学会从企业家的角度思考问题。

初次创办公司时，你要学的东西非常多。你会享受到很多学习的乐趣，实用的建议也应有尽有。不过根据我自己的经验，以及多年以来我对很多企业家的观察与合作，几个原则就能区分成功快乐的企业家与痛苦挣扎的企业家。这就是本书接下来的内容：成功的企业家遵循的、不成功的企业家无视的精髓。

法则 107
不要借钱

　　我知道你对这条法则有异议，你说得没错。与其说这是一条法则，不如说这更像是一个志向。我知道有时你有一个宏大的商业构想，需要大量资金，但自己又没有那么多钱。但我还是想说服你，除非别无选择，否则不要走上借钱这条路。

　　我认识一个朋友，他和另一个朋友一起创业。他们有一个很好的创意，成功地拉到了风投，随后创办了公司。公司经营得非常成功，6 年后，他们的公司卖出了 600 万英镑的高价。当然，拥有大部分股份的风投资本家分走了绝大多数收入，我的朋友只得到几十万英镑。虽说也不算差，但是远不如投资人的收益。

　　另一个朋友和其他三人一起创办了一家公司，每人各出 25% 的资金。公司起步时规模很小，他们不断把得到的利润重新投入到公司经营中。和前一个朋友一样，他们的公司经营得也很成功。20 年后，这家公司卖出了 4000 万英镑。他们分到了多少？没错，就是 4000 万英镑。当然他们还要交税，卖出公司时也要支付律师费和会计费用。但不管怎么说，辛苦挣来的钱绝大多数还是进了他们自己的腰包。

用上。这个过程比想象的更难，而且极为关键。

总结出能完美表述公司宗旨的说明后，你就可以把宗旨运用到商业策划中。该选择哪个产品线呢？对照公司宗旨，看哪条产品线与核心业务关联性更强。这是投资利润的有效方向吗？这个方向是否符合公司宗旨确立的标准？以此类推。制订商业计划时，公司宗旨就是检验标准，你能以此明确自己是否走在正确的方向上。

尽管变动性更强，但商业计划也大体相同。商业计划的细节当然多于宗旨说明，也可以在必要时做出修改，以反映公司变动或追随市场潮流。如果没有借贷，你当然可以在毫无商业计划的前提下创业，但我不推荐这么做。也就是说，商业计划的存在能够促使你思考应该思考的问题，不存在的话你可能会忽略那些问题。

不少创业公司在得到资金支持后，就会彻底闲置先前制订的商业计划。这显然是一种非常愚蠢的做法，他们因此错失了丰富、有用的策划信息。不过考虑到商业计划随时间推移总会发生变动，如果不及时更新，你就无法使用近在手边的宝贵资源。而且随着时间的推移，你也很难看清大局。我希望以下数据能让你更清晰地理解这个观点：在失败的企业中，超过90%没有商业计划。这一个证据就足以说明问题了。

> 你必须把全部焦点都放在公司的真正作用上。

法则 111
绝对诚实

没有人能事事优秀。你见过多少大局观出色、却不关注细节的人？有多少创意大师还精通行政管理？对立的特征有时就是难以兼容。全能的天才几乎是不存在的，如果你自以为是，你的创业注定会失败。

有些创业者认为，他们个人不擅长的事情都不重要。有时候他们明白这种说法是错误的，比如他们不擅长的计算。可如果他们擅长的项目不包括客户关系维护、品控、谈判、挑选员工，没有软件操作技能、不会做预算，他们实际上就是在低估这些工作的重要性。

可能你的弱点是不善于利用本书前面所说的法则？或者是不擅长交叉领域的技能，比如处理人际关系、做决定、看透复杂的情况、培训或者分配工作。如果解决不了这些问题，你只会给自己增加一个更大的麻烦：看不清自己的局限。相信我，仅仅这一点就能打垮一家小公司。

有缺点是人之常情，创业时有缺点再正常不过了。有缺点不等于你的人生价值就打了折扣，只不过意味着你可以使用的技能有限。在大公司工作时这点表现得不明显，你可以发挥自己的长处，由其他人补足你的短处，反之亦然。

　　但独自创业、经营就不是这样了，面面俱到是必然要求。当然，你不需要魔力，不必一个人搞定一切。你可以侧面解决问题，弥补缺点。但首先，你要诚实地面对自己有缺点这个现实。

　　我说过，你需要绝对诚实，我可以先提几个建议……你可以认真思考一番。外聘工资专员，使用兼职财务经理或品牌顾问，这不是什么丢人的事。指定客户服务经理或个人助理合情合理；学习谈判技巧，专门上课学习如何做出有效决定也是正确的选择。可如果因为你太顽固、不愿承认自己的缺点而导致创业失败，这才是丢人的事。

　　　　　全能的天才几乎是不存在的。

RULE 112

法则 112
尽可能多地获得帮助

　　既然要保持绝对诚实，你就知道哪些事情自己做不了。另外，因为一天的时间有限，即便确实能力全面，你也不可能事事亲力亲为。随着时间的推移，你会发现自己需要自身不具备或没有时间使用的技能——比如布置展会，为客户撰写材料，开始进军出口业务，或者变得越来越复杂的财务工作。

　　这就是问题。这是十几个人的工作量，可实际上只有你一人，或者还有其他两三个人，但是你没有多余的钱聘用其他人。你该怎么做？事实上，这是好事。真是好事，我发誓。我们已经明确了没有人无所不能这件事，有别人的帮助总比一个人奋斗更有可能取得好结果。只不过寻求帮助时要谨慎，不要支出不存在的资金。

　　有一些常见的解决方案通常都能起到不错的效果，比如聘用兼职员工，或者签合同仅限于一个项目，项目结束就解除聘用关系，而不是聘用一个你负担不起的全职员工。还有一个选择，就是让某人成为你的合伙人。给他们公司的股份，他们就会和你一样努力，只愿意在公司可负担的范围内获得收入。如果能找到拥有你所需的技能的合适人选，这是个绝好的主意。

比方说，你开发出了一款非常好的产品，在市场营销和销售上却很乏力。这两个环节对公司能否在市场上生存下去至关重要，拥有一家有 50% 成功概率的公司，总比拥有一家 100% 失败的公司强得多。如果对方起不到关键作用，送出股份时就要更谨慎了。挑选合作伙伴时也要谨慎，毕竟你们要面对面一起合作很久。

你也可以和其他公司一起分摊一部分成本和支出。比方说，你发现一家公司与你没有竞争关系，产品反而具备互补关系，你就可以在展销会上与他们合作，在同一站台推销两家的产品。这个方法既能节省时间，也能平摊参加展销会的支出。面对合适的商业伙伴，可分享的东西其实很多，比如邮寄广告材料地址和具体信息，再比如大块材料成本和潜在客户。

我还希望你去关注一个非常重要的资源，很多取得成功的创业公司都用到了这一资源。有时候你认为需要某个人做某个工作，但实际上你需要的只是他们的专业技能而已。有了这个技能后，你就能独自完成工作了。组建一个顾问团队，寻找在市场营销、财务、生产、公关、了解特定产品或服务的有经验的专业人士。有些人拥有多种专业技能，他们确实能起到帮助作用，但并非不可或缺。

是否成立正式的顾问团队不重要，你可以定期开会，也可以只打电话联系。挑选合适的人（朋友、前同事、业务上有联系的人以及其他合适人选，但是团队应保持合理规模），你无需支付报酬，至少最开始时不必付钱。让他们感到自己受到了重视、成为了重要人物，不要让其中的个人付出太多时间，偶尔请客吃顿大餐表示感谢。大多数人都觉得这些回报足够好，不会再要求你支付报酬。需要他们的经验和直觉发挥作用时，你就可以寻求他们的帮助了。

> 有时候你认为需要某个人做某个工作，但实际上你需要的只是他们的专业技能而已。

法则 113
建立强大的企业文化

现在的你不再是大公司的员工了，也不是小公司的员工，你不再为任何人工作了。你是老板，是老大，是第一人，是指挥官。决定权在你的手里。

随着业务量逐渐增长，早晚有一天周围会出现为你工作的人，你需要雇其他人为自己工作。可能最初只是一个兼职员工，后来发展为几个全职员工，最后可能有一个管理团队供你差遣。即便不是自恋狂，有过这番经历也能让很多人感到满足。

这会是一个循序渐进的过程。你不会明确意识到企业文化形成于某个时间点——只是某一天睡醒时你突然发现，尽管一直在思考别的事情，你却已经成了"人民的管理者"。也许你并不喜欢这种感觉，可是为了公司的发展，你只能忍受。

你会成为哪种类型的老板？员工迟到两分钟就会遭到你的大声训斥？还是说你善良、关心他人，为员工留出足够多的时间供他们应对个人困难？你经常巡视吗？你是否愿意放弃层级管理模式、选择扁平化管理模式？

不论目前处于什么阶段，你都需要思考这些问题。最开始你可能只有一两个员工，知道他们不会占便宜、值得信任，你

像对待朋友一样对待他们。这会变成你的习惯，可有一天早上
醒来时，你突然意识到自己已经有了 20 名、50 名或者 200 名
员工，可能你希望这种过度友好的氛围不会发展为企业文化，
也有可能你乐于看到人人平等成为企业文化。我不知道具体是
什么，但你必须心里有数。这个问题，你需要在创业之初就思
考透彻，再按照自己的愿望确立管理风格。

做老板和在别人的公司担任经理是两码事。你要为自己做
出的决定，负起法律、道义和实际责任。企业文化是你创造的。
听着，你曾经供职的公司，可能有着形态各异的企业文化。比
如每个人都愿意互相帮助，比如有不近人情的管理层，比如员
工之间互相关心，比如员工之间有过互相竞争、相互伤害，比
如有一个温情的工作环境，比如有一个人人都害怕的老板，再
比如人人都爱占公司的便宜。

这一次，能确立什么样的企业文化，完全落在你的肩上了。
企业文化是自上而下形成的。你与最初一两个兼职员工的互动
方式就是基础，随后慢慢发展。不要放任，不要只看运气，你
应该创造一个符合自己理想的公司。别忘了，有那么多法则可

以用。我知道你想创造一个互相关心但仍保持职业素养的环境，每个人都可以发挥出最大潜能；只要能从中吸取教训，犯错也能被接受；老板是一个有激情、平易近人但又受每个人尊敬的人。没错，这就是你。

你会成为哪种类型的老板？

RULE 114

法则 114
不要凡事都回答"是"

　　我有一个朋友，经营着一家小出版社。英国一家规模非常大的连锁超市看上了她出版的一本书，这让她非常高兴。对方想从她那里订购上万本书，连大出版社都会对这种订单垂涎三尺。但是最初的兴奋劲过去后，她坐下来认真算了算账。

　　最后她还是推掉了这笔订单。她有很多在大出版社工作的朋友都觉得她疯了，实际上，她只是保持了冷静。显然，超市开出的每本单价非常低。不仅如此，图书行业建立在销售或回报的基础上。没卖掉的书最终都会被退回，她也拿不到那部分钱。由于对方订购了上万本，最后退回的数量可能高达数千本，这很可能吃掉她在这笔订单中赚到的利润，甚至有出现亏损的可能。大出版社也许能承受这样的风险，但她不行。

　　如果大家在创业前为大公司工作过，就不要陷入从大公司的角度看待问题的这一陷阱。你需要从自己的角度来分析每一笔订单，经过分析有一些就不会像第一眼看上去那么惊艳了。

　　我再举个例子。每个行业、每个国家都有自己的法律体系、规章制度、程序流程和注册要求。这些均涉及大量的文书工作（太要命了）。独立创业后，突然间你真正理解了"时间就是金钱"这句话。当然，你不需要自己处理文件。可如果自己不做，就要花钱请别人来做。而且时间拖得越长，你要付出的成本也就越多。

当员工数量、员工流动率或者废料数量达到一定水平后，会出现额外的流程，相应地也会有更多文件需要处理。有些供应商和客户会坚持要求提供过去本无需提交的文件；向某些国家出口时，行政流程可能远比其他国家复杂；有些原材料有特殊规格，需要区别对待。

我们很容易陷入这些烦琐的日常工作，忽视了这些工作对管理的影响。意识到自己被文书工作淹没后，我们不得不聘请专人负责，当然，你也可以熬到半夜，一个人解决所有问题。

靠自己搞定所有文件，有时值得，有时不值得你费这么大精力。你需要考虑公司的每一次变动对管理工作的影响——这些变动包括增加员工，同意大客户的要求，使用新材料，向不同地区出口，购买配送设备，等等。

并不是所有发光的都是金子。有些新订单实际上只会带来负担。为美好的前景兴奋——不过这种兴奋的程度只有初创业时的一半——在考虑清楚所有的影响前，不要急于答应。即便是无聊的管理类要求，也要谨慎。答应后想从这些合约中抽身，远比最开始不答应时难得多。

> 你需要考虑公司的每一次变动对管理工作的影响。

RULE 115

法则 115
坚持立场

很多创业者都有着天马行空的想象力，这并没什么不好。只不过有些时候，创造力强的人比较缺乏条理。从积极的角度看，这样的人有活力、有原创力、机灵活泼。但换个角度看就显得杂乱无序了。

谁都会灵光一现，脑子里总会莫名冒出一些想法。"我该用这种花还是那种花？哦，这看起来很好啊。等等，也许最后一个更好。"换成商业上的例子，"我想做一份彩色手册，等一下，还是放到网上吧。也许印刷出来更好。可只有 12 页啊。换成海报的效果说不定更好……"

如果能在大脑里快速进行这番对话，迅速决定选择"哪种花"，这当然好。可一般来说不会这么简单。告诉你一个秘密，绝大多数网站设计师讨厌和创业者合作。为什么？因为他们的想法总是在变。刚按他们的要求做好，他们的想法就变了，大纲也重新修改。修改后，他们又有了新想法，没完没了。

我不是出于对网站设计师的同情、希望他们过得更轻松才告诉你这个秘密的。我想帮助的，其实是你们。如果你不停改变主意，你就会浪费大量资金，而这些钱在其他地方显然可以发挥更大的作用。网站设计师可能因为你反复多变的态度而心不在焉，但到了最后，他们不亏，因为你让他们多付出的时间和精力，都是要用钱衡量的。钱包被掏空的只有你。

如果无法明确计划，你也会错过最后的期限。比如网站，前期设立和试运行的时间就会变长。其他方面也是如此，比如选择营业场地、组织盛大的发布仪式或者研发产品等。由于不断改变目标，其他人很难开展工作，他们也会越来越讨厌与你合作。我认识不少创业者，尽管性格讨人喜欢，但其员工还是会大批流失，原因就是工作总是让他们沮丧失望，给他们带去了太多的压力。思路多变的管理者要么忘记告诉别人必须知道的信息，要么忘记通知别人自己已经改变了主意。所以不管做什么事，时间总是越拖越长，供应商会提价，等待新产品的客户也会感到厌倦。

创造力强是好事——我知道，你忍不住。总会有更好的创意，或者全新的想法，但有时候你必须学会放弃，坚持一个决定不动摇，进而付诸行动。从那一刻起，你该信任自己的决定，坚持下去，必要时再进行完善。

> 如果你不停改变主意，你就会浪费
> 大量资金。

法则 116
你的时间就是所有人的时间

我曾经的一个老板有一家小公司，他是个成功又有活力的人。就是因为能够比尾大不掉的大公司更快地做出决定，他的公司总是能取得竞争优势。他的公司业务因此发展得极快，到了我为他工作时，公司已经有了大约 40 名员工。我在那里工作了一年，离开时员工总数已经达到 60 人。但是公司的业务发展却慢了下来，甚至完全失去了竞争优势。为什么会这样？

公司老板犯了一个很简单却非常严重的错误——随着公司规模的扩大，他并没有改变管理风格。他仍然像最初创业时那样管理公司。听我说，只有 6 个员工时，你可以时刻监督他们，批准他们的每一项决定。不管怎么说，那是你的公司，是你的钱，你得保证他们不出错。

麻烦的是，随着公司规模的扩大，如果还保持这种风格，你的精力就会越来越分散。大公司要做的事情更多，需要做的决定更多；有更多的产品，还有更多的会要开。你不可能和每个人都互动，你没有那么多时间。而你如何管理自己的时间，也会影响到公司其他人对各自时间的管理。

之所以只在那家公司待了一年，就是因为我无法忍受沮丧的感觉。离开那家公司的不只我一个。公司的员工出现大量流失。你看，因为每一件小事他都要过目，所以我们必须费尽力气让他认同我们的决定；即便做出决定后，他也会改变主意（见前一条法则）。这意味着我们推进不了工作进程，会错过最后期限，会让客户和供应商失望，支票总是无法签发（他从来不认为签发支票是件要紧的事），所有工作都停滞下来。他是个好人，我们都喜欢他——他知道是自己拖慢了工作进程，所以不会因为迟到而责怪我们。但不知道为什么，他就是不能改变自己的缺点。

当你的公司开始发展时，你该怎么做？我之前的老板应该怎么做？最关键的是，你要有可以信赖的员工，分配工作给他们做。和为别人工作相比，把自己公司的决定权交给别人的难度比你想象的大得多。可如果想让自己的公司蓬勃发展，你只能这么做。放开双手，把具体工作交给其他人。把精力集中在大局上，只负责确定发展方向，重大问题由你拍板。你直接管理的对象只是公司顶层的几个核心员工，让他们管理公司的其他人。

掌握了这个技能，你的员工也能得到解放，他们可以全身心投入各自的工作，而你则可以把精力集中在关系重大的决策上，公司自然会欣欣向荣地发展起来。

> 你如何管理自己的时间，会影响到公司其他人对各自时间的管理。

第四篇

如果你还意犹未尽

世界上不是只有"管理"这一件事可做，你懂的。如果够聪明，你当然希望学习成功人士的一切，无论是他们对待人生、金钱、工作、人际关系还是孩子的态度。幸运的是，我已经做完了最难的工作——经过多年的观察、提炼和筛选，我把其中真正有意义的总结为简单的"法则"。

我一直不想把"泰普勒人生法则"系列弄成长篇大论，但是在读者的要求下，我详细研究了与每个人都息息相关的所有重要领域。接下来，我会抽选系列里其他法则中的"一条法则"，供大家试读。

读读看，如果你喜欢这些内容，你可以在每本书里都看到更多有趣的内容。

有关人生
年龄越大并不等于越有智慧

人们有一种既定观念，似乎随着年龄的增加，人也会变得更有智慧；这种说法恐怕是错的。事实上，我们还是和以前一样傻，仍然会犯下大量错误。只不过我们现在犯的都是和过去不同的错误。我们确实吸取了经验教训，不会再犯和过去一样的错。但我们的面前充斥着大量的新陷阱，等着我们一脚踩空，犯下新的错误。如何应对这个问题？秘诀就在于接受这种事实，犯下新错误时不要过度责怪自己。实际上这条法则可以归纳为：做错事时，对自己好一些。要有宽容之心，接受"年龄增加不等于智慧增加"这个现实。

回忆往事，我们都知道自己犯过什么错误，但我们不知道未来还会犯下什么新的错误。"智慧"不是不犯错，而是学会在犯错后有尊严、保持理智地离开错误的泥潭。

年轻时，我们总以为"老化"只会发生在老年人身上。事实上，老化会降临在每一个人身上，我们别无选择，只能接受这个事实，继续生活。无论做什么，无论有什么身份，总有一天，我们都会变老。随着年龄越来越大，老化的速度似乎也越来越快。

我们可以换个角度思考——年龄越大，可犯错的领域就越少。我们总会面对全新领域，那时的我们会不知所措，处理事情的方法或许会很糟糕，会反应过度，甚至完全做错。我们的态度越灵活，越愿意冒险与接纳新鲜事物，我们就能探索越多的领域——当然，在这个过程中也会犯下更多的错误。

回忆过去，找出自己做错的地方，尽量不犯同样的错误，除此之外，我们能做的并不多。记住，任何适用于你的法则，同样适用于其他人。每个人都会变老，变老的同时也不会变得更聪明。只要接受了这一现实，你就会更宽容、更友善地对待自己和他人。

最后我要强调的是，时间确实能够治愈伤痛，随着年龄增加，周围环境也会越来越好。归根结底，犯过的错误越多，犯下新错误的可能性就会越小。最理想的状态是，如果很多错误出现在年轻时，从中吸取教训后，年老时出现惨痛失败的可能性就会变小。而这正是年轻的意义，不管犯下多少错误，你都有改正的机会，最后都能走上正轨。

> "智慧"不是不犯错，而是学会在犯错后有
> 尊严、保持理智地离开错误的泥潭。

有关工作
让自己的工作受人赏识

在高速运转的工作环境中，工作成果被人忽视的现象可以说是屡见不鲜。你就像奴隶一般做着苦工，有时候我们很难把精力放在提高个人影响力上，无法让其他人重视自己的工作成果。但是，让别人重视自己其实非常重要。你必须让自己脱颖而出，将潜在的升职机会转变为现实。

实现这个目标的最好方法，就是打破日常工作常规。如果每一个工作日都要处理无数琐事——其他人也是如此——那么处理再多的琐事对你来说也没有更多意义。可如果给老板提交一份报告，写明如何让每个人高效地处理更多的工作事项，你自然就会引起老板的注意。这份意料之外的报告，当然是脱颖而出的绝佳方法。这表明你思维灵活，会主动采取有利于提高工作效率的行动。但这个方法不应过度使用。如果过于频繁地用这种报告"骚扰"老板，你也能引人注目，只不过赢来的都是错误的关注。你必须坚持如下几个原则：

• 偶尔提交类似报告；

• 保证你的报告切实有效——能带来良好效果，或者带来利润；

• 确保自己的名字写在显著的位置上；

• 保证不仅你的老板能看到这份报告，老板的老板也能看到；

• 不一定非得以报告形式出现，也可以是公司内部简报里的一篇文章。

当然，让工作引人注目的最佳方式，还是本身具有极强的工作能力。想要拥有极强的工作能力，你需要全身心投入工作，排除一切杂念。在工作场所，很多办公室政治、八卦、小伎俩、浪费时间和社交都打着工作的旗号，但这些并不是工作。集中精力工作，和同事相比，你就已经拥有了巨大优势。遵守法则的人永远保持专注。专注于手头的工作——具有极强的工作能力——不要分心。

> 一份意料之外的报告，是脱颖而出的
> 绝佳方法。

有关财富

谁都可以成为有钱人，你需要的只是努力

财富最可爱的一点，就是它不歧视任何人。财富不在乎你的肤色和种族，不在乎你处于什么阶层，不在乎你的父母做什么工作，甚至也不在乎你给自己的定位。以全新的状态开始每一天，无论昨天如何，今天都会有一个全新的开始，你和其他人一样，都拥有尽可能获得更多财富的权利和机会。能阻挡你的，只有你自己和自己编造的财富谎言。

财富的世界里，每个人都能得到自己想要的一切。这难道不是最合理的吗？财富不可能知道谁在掌控它，不知道他们拥有什么资质，也不知道这些人拥有什么野心、处于怎样的阶层。财富没有耳朵、没有眼睛、没有感知。财富本身是无生命、无感情的。财富并不知道现实发生了什么。它只是等待被人使用、消费、存储、投资和争抢，它只会引诱人们，让人们为了获得它而努力。财富没有分辨能力，无法判断一个人是否"值得"拥有它。

我观察过很多极为富有的人，他们的共同点，就是没有共同点——当然，他们都是法则玩家。有钱人是一个形态多样的群体——即便表面看上去最不可能是有钱人的人，也有可能拥有大笔财富。有钱人中既有彬彬有礼之人，也有粗鲁下流之

辈；有聪明人，有蠢货；有配得上财富的人，也有配不上的人。但他们中的每一个人都会站出来说："是的，我想要，谢谢。"而穷人说的却是："不了，谢谢你，我就算了。我不配。我得不到，我一定不行。我不该得。"

　　这就是《财富的理想国》的核心，挑战你对金钱和财富的看法。我们都认为穷人之所以是穷人，是因为他们所处的环境、他们的背景及得到的教育等问题。可如果你学习了有关财富的法则，即使生活在相对安全和舒适的环境里，你也能拥有获得财富的力量。这也许是个有难度的任务。赚钱也许很难，但不是不可行。这就是我的第一条法则——谁都可以成为有钱人，你需要的只是努力。其他的法则讲的都是如何实践。

> 你和其他人一样，都拥有尽可能获得
> 更多财富的权利和机会。

有关为人父母

放松

你认识的最好的父母是谁？是那些天生就知道该怎么说话、做事，让孩子快乐、自信、平衡地成长的人？你是否好奇，他们为什么做得这么好？再想想你认为不合格的父母。为什么他们做得不好？

我认识的优秀父母有一个共同点，他们在育儿方面，心态都很放松。而所有糟糕的父母都有种执念。他们可能并不担心自己是不是好家长（也许他们应该担心），但他们总是纠结于某个问题，这影响了他们成为优秀父母的能力。

我认识一对有精神洁癖的父母。他们的孩子必须在门口脱鞋，否则整个世界就会崩塌，即便鞋一点也不脏。如果孩子把房间稍微弄乱一些（就算很快被打扫干净），他们也会大为光火。他们的孩子不可能放松与享受生活，他们总是在担心裤子上是否有草渍，害怕打破番茄酱瓶。

我还有一个执着于竞争的朋友，他的孩子承受着巨大压力，必须赢下自己参加的每一场友谊赛。还有一个朋友，每次女儿受点小伤都会让他紧张不已。我敢打赌，你也能找到很多相似的例子。

与此形成对比，我遇到的优秀父母都觉得自己的孩子应该吵闹、脏乱、活跃、好动、满身泥土。他们接受孩子的所有真实状态。他们知道自己有 18 年时间，可以把这些烦人的小东西转变为体面的成年人，他们会把握节奏。没有必要急于把孩子变成成年人——总有一天他们会长大成人。

偷偷跟你们说，随着时间的推移，执行这条法则的难度也会越来越低。当然，也有一些人永远掌握不了为人父母的真谛。相比最后一个孩子长大成人，迎接第一个孩子出生时，放松心态的难度显然大得多。你需要关注婴儿的一切——健康的婴儿不会太饿，也不会太不舒服——其他问题上也不能过于神经质，比如衣服的扣子是否扣对，今天是否要抽时间给他们洗澡，没做任何准备自己是否就能出门度周末（我就有这样一个朋友，作为一个遵守法则的母亲，她不会因为这件事而感到焦虑），这些并不是重点。

如果每天晚上都可以舒舒服服地坐下，喝上一杯红酒或者金汤力[1]，彼此鼓励，"我的天……他们居然还活着，说明我们做对了！"这就更好了。

> 优秀父母都觉得自己的孩子应该吵闹、脏乱、活跃、好动、满身泥土。

---

[1] 我不是鼓励家长用酒精麻痹自己。我的意思是，放松！

有关爱情
做自己

初遇梦中情人时，你是否蠢蠢欲动，想要改头换面？你是不是想变成他们心中的理想形象？你可以变成一个成熟、老练的人，也可以变成强大、沉默、神秘的人。至少，你可以不让自己尴尬，不要不合时宜地开玩笑，不要变成一个可悲的人。

说实话，你做不到。新的形象，你可以维持一两个晚上甚至一两个月，但是想一辈子都维持这种形象却是不可能的。如果你真的认为对方就是"那一个"，可能接下来 50 多年，你们都要生活在一起。想象一下，你要在 50 年时间里故作成熟、压抑自己的幽默本性，这是什么感觉。

不会发生这种事，对吗？你真的想一辈子戴着自己创造出来的面具生活吗？想象一下那样的生活，因为害怕失去对方，永远不敢放下自己的伪装。假设几周、几个月或几年后，你终于露出了破绽，被他们发现真相时会怎么样？他们肯定不会开心。反过来，如果他们的伪装被你戳穿，你也会生气。

我也不是说不该偶尔改变一下形象，改善个人形象还是很有必要的。提高自我是我们每个人都应该做的事，不只是在爱情方面，而是整个人生一直努力。你当然可以试着让自己更有条理、生活态度更加积极。我们可以改变自己的行为方式，这是好事。这条法则说的是改变自己的基本性格。这种做法行不通，为了表演得让别人信服，你只会越陷越深。

做你自己就是了。从现在开始，展示真实的自我。如果对方想要的不是这样的你，至少在他们看到真实情况前，你不会陷得过深。你知道吗？说不定他们不喜欢成熟的人。也许强大、沉默的熟男风格不适合他们，也许他们喜欢你的幽默；说不定他们喜欢和需要被照顾、有点黏人的你在一起。

看到没有，如果戴上伪装，你会吸引本不适合你的人。这能有什么好处呢？也许在其他什么地方有一个真正适合你的人，他们愿意容忍你的所有缺点。要我说，在他们眼里，你的缺点甚至连缺点都不是，他们会把这些都看成你的独特魅力。这样的人才是最适合你的。

做你自己就是了。

作者的嘱托

好了好了，没有更多的法则了。这本书是你的，收好，保密。不让其他人看到这本书，什么也不用做，你就能在竞争中取得领先优势。

不管为别人工作还是自己创业，我都非常喜欢做管理者。这个工作在给我带来极大满足感的同时，也会给我带来不小的压力。但这是一种历险，总能给人兴奋的感觉。

我从多年的工作经历中总结出了这些基础性的法则，我敢打赌，在周末的管理培训课程上你是学不到这些东西的。这些法则陪伴了我多年，见证了我从一个小小的初级经理走到了自己公司 CEO 的历程。

我不认为你能学习、实践、认同本书中提到的全部法则。但是在做决策和管理的过程中，这些法则能为你提供看待问题的全新角度，帮助你更好地工作。

为了写这本书，做调研时我和很多经理、企业家都进行过交流，希望了解他们的秘诀。让我震惊的是，很多人依然信奉"背后捅刀、想尽办法爬到最高"这种手段。说真的，这很悲哀。他们个个身材干瘦，明显承受着巨大的压力，无法放松。和他们形成鲜明对比的另一部分人，也就是遵守法则的那些人，看上去生活得更快乐，对待自己和员工的心态也更轻松——员工也尊重他们，喜欢为他们工作。这样的做法显然更好。

　　最后，祝各位好运！

版权声明